El chico de los ojos verdes

Miguel Matoses

© Miguel Matoses Belsa
Lulu publishing S.L., 2015
1ª edición
ISBN: 978-1-291-45750-6
Impreso en España / *Printed in Spain*

A mis amigos, si es que aún lo son después de esto.

Capítulo 1

El domingo había amanecido a las tres de la tarde, y Arturo, al afeitarse ante el espejo, vio la cara de un viejo asomar tras la suya como por las grietas de una máscara resquebrajada. Debía tratarse del mismo, supuso, que le daba bastonazos en las sienes: aunque ése, creía recordar, se llamaba Jack Daniels y la noche anterior habían pasado una larga velada conversando juntos.

Se alisó el pelo con la mano: la calvicie, hasta ayer aún incipiente, parecía haber avanzado como un incendio en un bosque reseco. Se remojó la cara, masajeándola: las mejillas se columpiaban al compás, temblonas como buches de pavo, y bajo los ojos colgaban dos acordeones desinflados.

¡Y aún dicen que el amor rejuvenece!

¿Amor?

¿Cómo se le había ocurrido utilizar esa palabra?

A su espalda, por el resquicio de la puerta entornada que daba paso al dormitorio, entrevió un cuerpo desnudo que yacía en la cama boca abajo; las piernas separadas, los brazos en cruz y la despreocupación de aquél a quien adoran los espejos. La luz filtrada por la persiana rayaba su piel como la de un joven tigre. Un jodido tigre de veinte años.

—¡Ese ultracuerpo invasor te fulminará chascando los dedos sin proponérselo siquiera! —le gritó su reflejo— ¡Debes despedirlo con cualquier excusa, no intercambiar teléfonos, y recuperar cuanto antes tu rutina!

Rutina... La había perdido mucho tiempo atrás, pensó: la noche anterior, concretamente. Los dinosaurios aún dominaban la tierra, y como tantas veces, había empujado la puerta de la discoteca en compañía de Carmen, alias teniente Ripley, amiga desde la infancia y compañera de trabajo. En la pista bailaba un morenazo en camiseta sin mangas y pantalones vaqueros: destacaba entre el gentío como iluminado por un rayo que hubiera desintegrado al resto. Tenía ojos verdes, y notarlo a cincuenta metros desde la entrada no carecía de mérito. Lo reconoció: era un alumno suyo del curso anterior que siempre se sentaba en las últimas filas, tomaba pocos apuntes y no preguntaba nada. También se percató de que el muy cabrón le devolvía la mirada con una sonrisa que daban ganas de comérselo, dirigida tanto a él como a la vida y al mundo entero. A su edad y con su aspecto, ¿cómo no iba a sonreír?

—Carmen —susurró, dando un leve codazo a su amiga—, dime una cosa: ¿Aquél chico me está mirando?

La teniente evaluó con ojo experto: no en hombres, claro, pues ahí su experiencia no pasaba de un apretón de manos ocasional y algún pulso que ganaba siempre. Pero cazaba las miradas furtivas con la precisión de un francotirador de élite. Aparentaba treinta y tantos años pese a tener diez más; llevaba el pelo muy corto y vestía un polo holgado y desaliñado, unos desgastados pantalones chinos y botas militares. También era tetona y un tanto cuellicorta, como si le hubieran hundido la cabeza entre los hombros de un mazazo y los pechos le hubieran salido afuera del rebote.

—¡Pues sí, Arturo, eso parece!— respondió.

—Seguramente me mira porque soy su profesor.

—O porque le gustas.

—No, no será eso... Es una mirada de simple curiosidad.

Carmen sospesó el asunto, sin dejar de observar. Finalmente emitió su veredicto:

—Pues para ser curiosidad, mucho mira.

Arturo aún no parecía convencido.

—Mira, me voy a esa esquina como quien no quiere la cosa, a ver si me sigue mirando.

—¡Oye, éntrale y deja de hacer tonterías, que el corderito lechal es él, y tú la vieja loba! ¡Así que ataca, que hay luna llena!

—¿Y a ti te parece bien que me líe con un alumno?

—Hombre... en tu tutoría y mientras te suplica un aprobado, igual no, pero a la discoteca se viene a eso. Además, conozco a ese chico: es de mi barrio, y ya no es alumno. Se dejó la carrera el año pasado, ahora trabaja en la carnicería de su padre y por lo que veo ofrece degustación gratis de embutido.... ¿Le digo que quieres probarlo?

—¡No, no! ¡Déjalo! —se resistió Arturo.

—Tranquilo, que si hay calabazas también las probarás.

Y allá que fue.

—¡Hola! —dijo.

—Hola... —respondió el chico, sin dejar de bailar.

—Yo a ti te conozco, ¿verdad? Tú eres David, el chico del carnicero.

—Si, y tú eres Carmen, la del Paleolítico.

—¡Hombre —rió Carmen—; no soy tan vieja! Pero sí, bromas aparte, soy profesora en la facultad de Historia, y os daba Paleolítico en Primero, el año pasado.

—El *Homo Erectus*, y todo eso...

—¡Sí; ya veo que te interesan los *homos erectus*!

El chico calló. Igual, se dijo Carmen, para romper el hielo había sido un tanto bruta.

—¿Porqué no seguiste estudiando? —preguntó entonces.

—No me gustaba la historia: todo va de gente muerta.

Carmen asintió, porque la observación era irrebatible. Luego miró hacia donde estaba Arturo, invitándole con un gesto a acercarse, pero le encontró muy interesado en contemplar los giros de una bola luminosa. «Qué bonita —parecía decirse—: qué bien gira». Así que Carmen siguió dando palique a David:

—Pues juraría que en historia Moderna debiste sacar nota...

—Sí, por cortesía de Arturo. Me ha sorprendido verlo aquí. —El chaval señaló con la cabeza hacia el aludido—: ¿Entiende?

—Uy... ¡no sé! Hemos venido a tomar una copa, ya sabes. ¿Vienes y le saludas?

—Pues más bien no. ¡Parece bastante ocupado!

Carmen miró de nuevo a Arturo y lo vio hablando con un hombre del que sólo distinguió la camiseta de un azul eléctrico: en esa penumbra rota por destellos intermitentes no podía distinguir más, pero su olfato de predadora nocturna detectó un inconfundible tufo a petarda en celo. Abandonó, pues, a David con un apresurado «¡hasta luego!», y todo el mundo le cedió el paso sin pedirlo, porque sus zancadas eran las de la teniente Ripley en la escena final de *Aliens, el Regreso*: pero Alien se estaba separando de Arturo para dirigirse al baño. Más le valía.

—¡Arturo...! —tronó Carmen.

—¿Sí?

—¿Se puede saber qué estás haciendo?

—Centrarme en un chico de mi edad y pasar de veinteañeros guapos de culo prieto y ojos verdes.

—¡No seas idiota y ven conmigo a saludar a David!

—¡Que no! ¡Que estoy hablando con Dominique! Tiene cuarenta años, es francés y está de vacaciones; y me gusta, porque está lejos de ser un *sex simbol*.

—Como de aquí a París, Arturo, ya que lo dices... —asintió Carmen, cabeceando— ¡O más aún: como tú de ser listo! ¡Mira —señaló con la cabeza—: David te sigue mirando! ¿No lo ves?

—Demasiado que lo veo: quiere que le invite una copa, echar unas risas a mi costa y si se tercia que le pague la coca, el éxtasis, o lo que sea que tomen ahora. ¡Yo me quedo con mi francés: es más asequible!

—¡Pues que te den!

Siguieron bailando, o más bien moviéndose sosamente, hoscos y sin mirarse. Al fin dijo Carmen:

—Oye, y a todo esto, ¿dónde se ha metido tu francés?

—Se ha ido al baño. ¿O es que no lo has visto?

—¿Sí? ¡Pues está tardando! Igual se le ha descompuesto el vientre, que la he visto muy suelta. ¡O está practicando con alguien su idioma, ya sabes, el *francés* —recalcó con intención— por si se le olvida antes de volver a casa! ¿Por qué no vas a echar una mirada, a ver si necesita algo?

—No conseguirás inquietarme. —dijo Arturo, visiblemente inquieto.

—Pues no, mira, es verdad, no te inquietes: ya no necesita nada, creo que va servido.

Arturo se volvió, a tiempo para ver al francés salir del baño dando morreos con lengua a otra petarda, ésta de verde fosforito, anudadas las dos como si quisieran fundirse en una explosión de chispeante colorido. Pasaron por su lado sin mirarlo siquiera.

—Bueno, ahí está tu Dominique. ¡Asequible sí que era! —dijo Carmen, y soltó una carcajada guasona—. ¡Pero consuélate, que desnudos perderán color!

Arturo le lanzó una mirada helada mientras ella se doblaba de la risa apoyada contra un pilar. Por fin se enjugó una lágrima y pudo decir:

—Anda, tonto, vamos a saludar a David.

Arturo lanzó una mirada apagada hacia el centro de la pista, y respondió con voz que quiso ser neutra:

—Ya no está.

Carmen escaneó toda la discoteca con sus ojos expertos: David, en efecto, había desaparecido.

—¡Arturo, lo has vuelto a hacer! Cada vez que me acose una tía buena, te pediré socorro.

Viendo la cara de Arturo le dio otra vez la risa.

—¡Ahora no me arañes, gata loca, que Piolín ha volado por tu culpa! Anda... —le cogió de la mano, y lo arrastró como a un corderito al centro de la pista—: ¡vamos a bailar!

Y Arturo, en la pista, sintió crujir bajo sus pies las oportunidades de su vida pisoteadas... o tal vez fueran vidrios rotos de cubata, tanto daba.

—Ese niñato sólo quería vacilarme... —murmuró, como pensando en voz alta.

—¡Que sí, hombre que sí! — Carmen puso los ojos en blanco.

—Por eso me miraba.

—¿Por qué si no?

—¿A qué tanto mirar? ¡Coño, si quiere algo, que venga y me lo diga!

—Claro que sí, Arturo: haz siempre así, verás que ancho duermes.

—¡Es que yo no quiero dormir abrazado a una portada del *Superpop*: yo quiero un tío normal!

—Sí, sí, y a ser posible francés y accesible... ¡Ay, Arturo, eres patético! ¡A tu edad!...

Arturo estalló:

—¡Porque soy consciente de mi edad, por eso precisamente! ¡Y, mira, si vas a estar dándome la tabarra, mejor te vas!

—¡Pues sí! ¿Sabes que te digo? Que me voy a acabar la noche en el «Trailer», a ver si me desayuno un bollito guapo. Y tú, mejor te quedas aquí, flagélate un rato, y mañana hablamos. Si es que estás de mejor humor...

Y la teniente Ripley se alejó con sus firmes zancadas abriendo otro claro a su paso, mientras Arturo se quedaba sólo y empezaba a dar vueltas por toda la discoteca, buscando entre las caras a David sin confesárselo.

Luego, ya no supo cómo, acabó en la oscuridad, caminando entre sombras silenciosas. No recordaba haber subido las discretas escaleras que llevaban al altillo, pero sus piernas lo habían arrastrado como un caballo al olor del establo. Llegó así a una sala de cine en penumbra, con bancos adosados a las paredes desde donde algunos clientes miraban una película porno mientras buscaban con el rabillo del ojo al protagonista de su próximo estreno en 3D. Una cortinilla conectaba la sala con un pasillo laberíntico iluminado por tenue luz rojiza, flanqueado por cabinas en donde se encerraban los amantes de diez minutos. Junto a las puertas de las cabinas, tan aclimatados a su ambiente como los peces abisales, se agazapaban unas siluetas oscuras al acecho de los paseantes.

Las luces de la sala se encendieron, y para acabar de arreglarlo, el guardia de seguridad, un machito con bíceps de gorila, entró dando palmadas.

—¡Caballeros, vayan bajando!…

Arturo bajó lentamente las escaleras seguido por los últimos merodeadores silenciosos. Se acodó en una pequeña barra que había junto a la escalera, frente al guardarropa, y desde ahí miró cómo el machito de los bíceps entraba al baño a despachar a los esnifadores de coca.

—¡Todos afuera! —gritó golpeando la puerta. Y salieron todos tocándose la aleta de la nariz.

—Ponme un Jack Daniels. —casi suplicó Arturo a Rafa, el camarero.

—Vamos a cerrar. —respondió éste.

—Mientras lo dices, me lo tomo.

Rafa la Carrá, miró a Arturo, al que conocía de muchos años, y le puso el güisqui.

—De vacío, ¿eh? —comentó. Arturo calló.

¡Feliz Rafa! Con su melena rubio platino enmarcando una cara de reloj de sol, había alcanzado la cuarentena como una manzana pocha que agarrándose a la rama se resistiera a caer al suelo. Sus ligues eran breves, y mantenía tan sólo un semi-amante fijo, el encargado de «Malkeda», con lo que casualmente aseguraba su puesto de trabajo. Formaban pareja abierta, pero de par en par la Carrá, y el otro entornado apenas.

A sus ligues de ocasión sólo exigía que no lo eclipsaran en el espejo de su dormitorio, lo que, a medida que sus gracias decaían le obligaba a rebajar el listón de sus conquistas. Por ello, y para no tener que presentarlos en sociedad, ya no las buscaba en los lugares acotados del ambiente, sino en descampados, playas y urinarios públicos. Solía elegir al azar cualquier ruina de fábrica o solar a la caída de la noche, en la seguridad de que tras un matojo siempre hay al menos un lobo agazapado esperando a Caperucita. Y si la abuelita está ágil, Caperucita se queda esa noche sin lobo que se la coma.

—Ponme a mí también lo mismo, anda, que nos vamos juntas —se oyó decir a Baby Jane, que bajaba también del cuarto oscuro—: ¡qué asco de noche!

Antes de seguir, debo indicar que cualquier lengua, viva o muerta, prohíbe el uso del masculino para referirse a Baby Jane: y tampoco su edad es computable según la era cristiana. Por no tener que enseñar su carnet no conduce, y aunque compra la ropa en tiendas al último grito —de alivio de las dependientas que consiguen endosársela, según las malas víboras— siempre parece llevar pamela y polisón. Es alérgica al polen y al polvo, lo que explica el *clínex* siempre apretado en su mano con negligente elegancia, como si fuera un pañuelito de encaje al que sólo faltaran sus iniciales bordadas.

—¿Tampoco has ligado? —le preguntó la Carrá mientras le servía.

—¿Ligar yo algo de lo de ahí arriba? —respondió Baby Jane con un mohín de asco— ¡Mejor me reservo para mi príncipe azul!

—¡Despierta, Bella Durmiente, que se lo está follando la bruja mala!

—¡Será que te está haciendo un *cunnlingus* tras la barra! Pero mi príncipe no va por los matojos, ni por los cuartos oscuros: a estas horas estará en su casa, durmiendo como un señor.

—¿Y cómo lo piensas encontrar: llamando a todos los timbres de la ciudad para despertarlo?

—No, pedorra: lo encontraré un día comprando en una tienda selecta un libro o una ópera. Me dirá, por ejemplo: «¿A ti también te gusta Donizetti». Responderé, abriéndome de piernas: «¡Tú y él sois mis pasiones!». Entonces, me hará allí mismo el amor junto a la caja.

—¿Por qué no me llevas? Quiero ver la cara de la cajera.

—No puedo permitirme exhibirte en mis círculos, querida.

—¿Los que hacen para apedrearte? ¡Ni ganas! Prefiero los que se forman en la playa para admirarme.

Baby Jane entrecerró los ojillos mirando a la Carrá recoger los botellines y vasos vacíos del mostrador:

—Ahora que hablas de playas... ¡Estás bronceada a rayas! Creo que pasas demasiado tiempo escondida tras las cañas de las dunas.

—Sí —contestó la Carrá, orgullosa—; ¿a que queda bien en estas fechas?

— Lo que no sé es qué esperas encontrar a finales de octubre en esos sitios.

—¡La mejor fecha! —repuso la Carrá con sincero entusiasmo— A primera hora llegan todos los casados antes de entrar a trabajar: el repartidor de los donuts, el de los refrescos, fontaneros y mecánicos con el mono de trabajo, ejecutivos de corbata... entonces llego con mi tanga y me hacen la ola.

—Algo más te harán.

—¡Claro, tonta!: me hacen mujer. ¡Y hay cada chulazo!

Baby Jane, con un suspiro de hastío, se volvió a Arturo:

—Según él, todo lo que se mete en el cuerpo son chulazos. Hace tiempo la acompañé a la playa, más que nada por mi salud, ya sabes, y vino corriendo de detrás de las dunas a contarme: «¡Qué chulazo me he hecho yo sola, ve a por él y le rematas si quieres, que aún no se ha corrido!». Voy, y me encuentro a una abuela que se había dejado el andador detrás de alguna duna. Le digo: ¡bruja, escupe al chulazo que te lo has sorbido entero!, y resulta que era él el chulazo. La sombra de las cañas, que confunde...

Arturo apuró su güisqui.

—Bueno, señores, os dejo. —y se dirigió a la salida.

—¿Vendrás a mi cumpleaños? —le gritó la Carrá mientras se alejaba—: ¡Cumplo cuarenta de aquí dos semanas!

—Nena ¿otra vez? —le contestó Baby Jane— ¡Te está gustando demasiado! Deberías dejarlo ya, te lo digo yo, o acabarás cumpliendo cuarenta y uno.

Arturo salió y se detuvo a la puerta de la discoteca. Lamentaba no haber hablado con David para intentar llevárselo a casa. Lamentaba incluso no haberse llevado al francés. Ahora en cambio le esperaba una cama fría en la madrugada, imposible de calentar con sólo su cuerpo...

Y entonces notó tras él la mirada de unos ojos, que quemaban su nuca como un láser; y supo, antes de volverse, que eran verdes.

Se dio la vuelta.

—Hola —saludó David—: ¿No nos habíamos visto antes?

Sonrió al decirlo, y Arturo sonrió a su vez.

—Yo, a ti, desde que he entrado por esta misma puerta.

—Pues mucho caso no me has hecho, la verdad.

Arturo mantuvo la sonrisa en su cara porque así se ahorraba contestar.

—¿Quieres que vayamos a algún otro sitio? —preguntó David entonces.

Arturo señaló el reloj que llevaba en la muñeca: era tarde, dijo con un gesto.

Se quedaron los dos quietos, mirándose, sin hablar. Entonces Arturo echó a andar, y David se puso a su lado.

—¿Tú eras alumno mío, no? —le preguntó Arturo, por decir algo.

—Sí, el año pasado.

—Creo recordar que hiciste un buen examen: ¿te has dejado la facultad, según creo?

—Sí, no me gusta la historia. En realidad no tenía ganas de estudiar nada. Lo hice sólo porque se empeñó mi padre.

Arturo asintió:

—Para contentar a los padres hacemos, o dejamos de hacer, muchas cosas...

Siguieron andando en silencio uno junto al otro. Se miraban de vez en cuando y sonreían: una sonrisa rápida, y luego volvían a mirar al frente.

«Esto se hiela —pensó Arturo—: y qué difícil es romper el hielo cuando crece tan rápido. ¡Quiero besarle ya, quiero decirle te deseo; quiero decir algo, y que no suene a cursi ni a baboso! ¡Profesor, que se noten los estudios!».

David se detuvo al llegar a una esquina, y le dijo:

—Bueno, me despido aquí.

Le miró un momento con ojos que parecían decir: «Si es lo que quieres... pero no quieras».

—¿A dónde vas?— preguntó Arturo.

—A casa. Creo que estamos haciendo el tonto.

—No. —respondió Arturo, abrazándole la cintura — Aquí el único que está haciendo el tonto soy yo.

Se besaron. Fueron por la calle cogidos de la mano, repartiéndose besos por los portales como dos adolescentes, aunque sólo uno lo fuera. Caminaron por el paseo marítimo, mientras sobre el perfil de la ciudad se recortaba la luna contra un cielo azul oscuro casi limpio de nubes, que se anaranjaba al fundirse con las luces de los edificios. Y entonces le pareció oír dentro de su cabeza, o quizás en el aire, una musiquilla con un estribillo insistente en inglés: *Anything goes*, «algo pasa», una vieja canción de Cole Porter.

«Los tiempos han cambiado / y muchas vueltas ha dado el reloj / desde que los puritanos sufrieron un shock/ al desembarcar en Plymouth Rock», tarareó, traduciendo mentalmente.

Miró al cielo: una nubecilla, sutil como el vaho, velaba a la luna como un cendal a una odalisca. La canción seguía:

«El mundo se ha vuelto loco hoy / y hoy en día lo malo es bueno / y hoy en día lo blanco es negro / y el día es noche».

De pronto la nubecilla se descorrió como una cortina de gasa, y la luna, vedette vestida de lentejuelas, rompió a cantar con voz aguardentosa de cabaretera:

«Si las barras de bar te gustan / si las viejas canciones te gustan / si los miembros desnudos te gustan / si Mae West te gusta / o si yo, sin ropa, te gusto / ¿porqué se habrá de oponer nadie?».

Y las estrellas, como coristas, replicaban con voces de campanillas de cristal: «¡*Anything goes*! (¡Algo pasa!)», mientras que el mar, acompasando las olas, llevaba el contrapunto al ritmo de la canción. Y es que, a esa hora, la luna no es un pedrusco, sino la diosa de los noctámbulos achispados.

De pronto David, señalando al mar dijo:

—¿Nos bañamos?

—¿Cómo, aquí, a estas horas? —quiso protestar Arturo. Pero antes de que las palabras salieran de su boca se encontró saltando a la arena, desnudándose y corriendo al agua, detrás de David, del que ya se veía tan sólo medio cuerpo entre las olas. «¡Por Dios —pensó— que no nos roben la ropa y tengamos que cruzar desnudos todo el paseo marítimo!».

—¡Nademos hasta aquella boya!

—¡Yo nunca entro adonde cubre! —gritó Arturo, pero David, o no le había oído o más bien no le había hecho caso, y siguió dando brazadas, hacia la negrura.

—¡Vuelve, Arturo! —oyó gritar allá atrás, en la orilla a su sentido común—¿Sabes acaso qué sustancias lleva ese niño en el cuerpo?

—¡Hasta la boya! —gritó de nuevo la cabecita negra de David muy delante de él; y siguió nadando. Su sentido común ya no se oía: o se había ahogado, o se había vuelto a dormir a casa.

La boya estaba lejana, meciéndose entre el oleaje oscuro, recortándose contra el horizonte donde empezaba a clarear el gris amanecer. Y Arturo braceaba, buscando en el agua fría el calor de una piel, siguiendo el faro de unos ojos verdes que lo guiaban al naufragio...

La luna era de nuevo un estúpido canto rodado, y los científicos marcianos apuntaban sus telescopios desde las estrellas, para verificar que en la Tierra no hay vida inteligente. Al día siguiente dirían en la sección de sucesos: «Los equipos de salvamento han rescatado los cuerpos de un tonto viejo asaltacunas y de un joven pastillero ».

Apareció la boya, oscilante, a su lado. Y frente a él surgió del agua un oscuro animal marino que se lanzó a devorarlo, y él se halló recorriendo sus labios con la lengua y con su punta el filo de los dientes, le acarició el paladar, y al calor de su piel hirvió el agua y se hundieron, besándose y abrazándose. Y ya no le importaba no hacer pie porque ya no quería hacerlo, sino seguir hundiéndose con él hacia la sima más profunda del océano donde ambos yacerían para siempre jamás, eternamente felices.

No se dio cuenta de cuándo ni cómo habían vuelto nadando hacia la orilla, pero estaban allí, con el agua hasta la cintura, fundidos como los restos de un naufragio arrojados por la marea. Se rebozaron de arena rodando por la playa, y Arturo sintió el cuerpo de David apretándose contra el suyo, salado y crujiente. La aurora crecía trayendo la gris realidad, y la mole de los edificios empezaba a volverse compacta, mientras la luna acababa de desaparecer tras ellos, canturreando aún, débilmente como despedida:

«Cuando la abuela de ochenta años/ en los clubes nocturnos es amable con el gigoló/ algo pasa...».

Y fue escondiéndose lentamente tras las azoteas, como por las bambalinas de un teatro de varietés, mientras las estrellas replicaban *«algo pasa...»* con débil campanilleo, apagándose una a una. Entretanto, los gatos hacían de *boys* maullando por las cornisas.

Se sacudieron la arena, se vistieron y pasearon cogidos de la mano, camino de la casa de Arturo, echando sólo a faltar música de violines. La gris realidad traída por la aurora había invadido la ciudad completamente, y ya empezaba a verse gente caminando, unos paseando al perro trotón, otros con el periódico bajo el brazo.

—¿No te dará vergüenza ir cogido de mi mano, verdad? —preguntó David.

—Contigo, ir de la mano es un orgullo; un orgullo gay. —respondió Arturo.

Y le volvió a besar largamente en medio de la calle ante un bar que abría sus puertas, mientras la furgoneta de un repartidor de prensa, que acababa de descargar un mazo de periódicos frente a un quiosco, tocaba el claxon para que se apartaran.

Siguieron paseando con las manos bien cogidas hasta la casa de Arturo: pero éste se miraba reflejado en los cristales y pensó, aquí falla algo. ¿Qué hago de la mano de este chico tan guapo?

La gris realidad había ganado la partida.

Así fue como había despertado Arturo esa tarde del domingo junto a David, en su cama. Así fue cómo había acabado ante el espejo mirando en su reflejo a un desconocido.

«¡Deja de darle vueltas!» se dijo. Acabó el afeitado y se acercó a donde yacía ese cuerpo joven que la luna le había traído como un regalo para darle calor una madrugada. Seguía durmiendo boca abajo, el brazo derecho estirado sobre el hueco que Arturo había dejado en la cama. «¡Bien —pensó—: ha sido bonito! La vida no hace muchos regalos como tú. Ahora abre los ojos, sonríe una vez más y vete. Me temo que pasarán unos días hasta que te conviertas en un recuerdo grato».

Entonces David abrió los ojos, sonrió y Arturo entendió de golpe que mataría por verle abrir los ojos mil veces más en su cama. Y le entraron ganas de salir al balcón y gritar al mundo que aquellos ojos y aquella sonrisa eran suyos. Y se dio cuenta de que lo había dicho en voz alta, y de que David, que le sonreía aún más, le había respondido simplemente:

—Hazlo.

Capítulo 2

—Qué cumpleaños más triste el mío... —suspiró Rafa la Carrá, recostado en el sofá de su apartamento. Hacía poco tiempo que había repintado las paredes, sustituido los halógenos por lámparas y cambiado los cuadros impresionistas por expresionistas, o viceversa. A tortuga vieja, concha nueva. En la mesita de café yacía, en una caja, una pizza a medio devorar, y sobre dos posavasos muy cucos, sendas latas de cerveza.

—Ni ganas he tenido de sacar el cristal de bohemia... Aquí, solita en casa con una triste pizza el día en que cumplo cuarenta, y encima siempre me mandan al repartidor feo. ¡Claro, seguro que en cuanto oyen mi dirección, todos los guapos arrancan la moto y salen en la contraria!

—¿Sola? ¡Estás con tu mejor amiga! —dijo Roberto, alias Sara. La Carrá miró a su alrededor.

—¡Soy yo, tonta!— le aclaró Roberto. Se había negado a compartir el sofá con su amigo, y se había sentado en una incómoda silla de diseño en un rincón. Su profesión de fotógrafo le había hecho experto en iluminación y no se colocaba bajo una luz cenital así lo mataran. Roberto fue guapo en su día y pensaba seguir siéndolo de noche, con lo que nada más ver la nueva iluminación del piso, había decidido que ese rincón de la casa iba a ser el suyo hasta la próxima remodelación.

Ambos amigos hablaban siempre en femenino entre ellos, excepto una vez que, saliendo de un *after* se vieron en una manifestación de familias contra la ley del matrimonio gay y se temieron un roción de agua bendita. Eso sí, se sumaron y gritaron como quien más: la buena mariquita, antes traidora que desapercibida. De todos modos, opinaban que la ley era una mierda puesto que no traía un novio para ellas en ningún punto de su articulado.

—Ya sé que hubieras preferido tenernos a todas a tu alrededor para apoyarte en estos momentos tan duros —siguió diciendo la Sara— Pero no puede ser. Se ve que todas tienen otros compromisos. La Patata, ya sabes, de gira por el mundo como gata recién salida del tejado de cinc caliente de su última relación. La Baby Jane, acatarradísima en su casa, echada en el sofá con un salto de cama color marfil a juego con su piel de porcelana, y rebobinando el vídeo de «Margarita Gautier», con Greta Garbo muriéndose tuberculosa y ella, tosiendo sincronizada...

—¿Ya la ha dejado su último ligue? —se interesó la Carrá.

—¿Dejarla? La habría tenido que coger antes. Ya sabes que sus noviazgos largos acaban cuando el alba ilumina su terso rostro sobre la almohada. Los cortos, con un *click* de interruptor y un grito de espanto.

—¿Entonces, qué le pasa ahora?

—Que el último comprador de *cedés* de ópera al que estuvo acosando hizo llamar a la policía para pedirle una orden de alejamiento, y eso, quieras que no, afecta a un alma sensible. Precisamente vengo de consolarla. Le he estrechado sus pálidas manos, y le he dicho mirándola a los ojos: «¡Estoy segura de que éste sí era el hombre de tu vida, aunque él estuviera seguro de que no! ¿Quieres un gato para hacerte compañía?».

—¿Que si quería qué?

—Es que, verás —se explicó la Sara—: la muy golfa de Milady, con todo su pedigrí a cuestas, creo que se ha ligado a un gremlin que comió después de medianoche y me ha parido unas cosas horrorosas que da miedo tenerlas en casa. ¡Mira, llevo en el móvil la foto de la

El chico de los ojos verdes

camada, por si te interesa alguno, que puede hacer juego con tus cuadros expresionistas!

Se lo alargó, y la Carrá hizo un mohín de asco.

—¡Nena, quita eso, que estoy cenando! ¡Qué arcadas! ¡Ví algo parecido en un documental sobre la radiación atómica dentro de una botella de formol!

«¿Y en tu cama nunca?». —pensó Sara, pero no lo dijo porque estaba cerca de la ventana y aquello era un quinto piso.

—Ahora dormirás con pestillo ¿no? Por dormir con algo, digo. —se interesó la Carrá.

—Estoy por ponérmelo. —respondió Sara, obviando la puya y con un escalofrío.

La Carrá retomó el hilo.

—¿Y qué te contestó Baby Jane a la oferta?

—Se lo tomó a mal. «¿Me estás llamando solterona?» me chilló, como si lo de el gato fuera una indirecta, ya ves. «¡Mujer —contesté yo—, solterona eres, porque al menos que yo sepa ayer seguías sin marido, y si no lo has conseguido en tantos años no creo que te haya dado tiempo en comisaría, mientras estabas con el papeleo de la denuncia!».

—¡Eres mala !—dijo la Carrá.

—Saqué la plaza en dura oposición, que las de tonta estaban ocupadas, —respondió Sara, atusándose el pelo con un mohín— Luego le dije: «No es imprescindible el gato para ser una solterona, pero sí aconsejable para completar el equipo: así te lo puedes poner en el regazo, hacerte un moño recogido, y bordar en la mecedora junto al visillo mientras lloras oyendo el "Adiós a la Vida", de *Tosca*». Pero para tosca, ella. «¿Sabes dónde te puedes meter el gato?», va y me contesta. «Sí, claro —le digo—, en una cestita muy mona de macramé que he hecho yo misma». Y me suelta: «¡Pues con cestita y todo, te lo metes por el coño!».

22

—¿No sabe aún que no tienes?— preguntó la Carrá.

—¡Mujer, supongo que se refiere al de atrás! Resumiendo: yo me voy, no sin antes preguntarle si pensaba venir a tu cumpleaños, más que nada para divertirnos metiéndonos con ella. ¡Bueno, eso último me lo callé: estaba implícito! Y me contestó que igual se esperaba un poco a vernos en su entierro, llorando arrepentidas por nuestros crueles sarcasmos. No sé cómo piensa vernos... ¿Hará una mirilla en el ataúd?

—¡No aguanta un comentario! A mí me pasó lo mismo con Perdita el otro día. Me la encontré llevando una de esas camisas de rejilla y se le salían las mollas por los agujeros, como una colcha. Entonces le veo marcas de azotes, así que le digo: «mira nena, lo que hagáis tu legítima y tú en vuestros ocios no me importa, pero que te azote sólo en el culo para que no se vea». Bueno, pues otra que se mosquea por nada; «¡Mi marido no me pone la mano encima!», me suelta. Y le digo que claro, que ya sé que es la fusta.

—Uy, sí, que un día que fui a tomar café en un descuido les revolví el ropero, y vi látigos y arneses y un montón de deuvedés con tíos rapados haciéndose perrerías supongo que para inspirarse... ¡Ah! y algo así como una raqueta de pin-pon, para poner a la Perdita el culo rojo sin que a la Cruella le haga daño la manita. ¡Fíjate, tú! ¡Si el padre Arroyo, de los Esculapios, que me daba tundas al culo con la palmeta, hubiera sabido que eso era erótico...! ¿O lo sabía la muy perra?

—¿Tu ibas a los Esculapios de pequeña? —comentó la Carrá, cogiendo el último pedazo de pizza— ¡Los *liftings* que podría haberse hecho tu madre con ese rico dinerito malgastado!

—De pequeña, no —explicó Sara—: iba el año pasado a recoger a mi sobrino algunas tardes, porque mi hermana no podía.

La Carrá se quedó con el pedazo de pizza en la mano.

—¿Y las tundas de tal padre Arroyo?

—En su despacho, adonde me hacía pasar mientras mi sobrino esperaba fuera. Por mis andares descocados, decía que era... ¿Debí sospechar segundas intenciones?

Ante el silencio de la Carrá, Sara se encogió de hombros.

—Habérmelo dicho, igual disfruto. Estoy abierta a experimentar, pero si no me avisan... —concluyó, zanjando el tema.

La Carrá deglutió pizza en silencio: haciendo uso de los poderes mentales que le habían permitido sobrevivir más o menos cuerda, eliminó de su cerebro la información recibida, y rebobinó al tema inicial de la conversación:

—¿Y no crees que a lo mejor nos están dando todas de lado por indiscretas? Ay, no sé, que nos estamos quedando solas...

—Nosotras no estamos solas, corazón —dijo la Sara, alargando el brazo para coger la cerveza de un modo que la luz no le diera en el dorso de la mano y se le viera alguna mancha hepática—. Nos tenemos la una a la otra. ¡Que no sé si es peor!

—Es que, ¿sabes?... —suspiró la Carrá— Cuando celebras tu cuarenta cumpleaños necesitas a las amigas al lado, para consolarte viéndolas y decir: bueno, pues yo aún puedo tirar cohetes. ¡Pero tú no me vales, porque estás estupenda: artificial como tú sola, pero estupenda!

—Gracias... supongo. —contestó la Sara, suspicaz.

—¿Y Arturo, qué sabes de él? —Cambió de tercio la Carrá— Porque hoy le he querido llamar y está todo el día con el móvil desconectado.

—¡Ah! Hace quince días se ligó a un yogurín de ojos verdes, y ahora mismo debe estar apoyado en el quicio de la mancebía mirando encenderse la noche de octubre... Ya vendrá, ya, de aquí a una semana como mucho, cuando lo deje como una colilla chafada, arrastrándose y pidiéndonos perdón por el abandono. Pero no le perdonaremos, ¿verdad?

—Nunca en la vida.

Los dos quedaron en silencio mascando pizza ante el televisor, que en ese momento mostraba imágenes de una inundación en Mozambique.

—¡Ay, nena, quita eso —dijo la Sara—; justo lo que necesitabas para animarte el cumpleaños!

—¿Y qué quieres que ponga? No hacen nada.

—¡Pues mira, aprovecho para darte mi regalo! —Y sacó de una bolsa un paquete con un lacito rosa. La Carrá lo miró con recelo. Sabía que la Sara sólo era generosa en echarse cremas, lo que le había valido el mote extraoficial de «Ratita Presumida», por presumida y por rata. Abrió el paquete y se encontró una cinta de vídeo.

—Ah... —dijo la Carrá— Te habrá costado un dinero. ¡Porque será de anticuario! ¿no? ¿Aún se fabrican estas cosas? Creía que estábamos en la era del *pendrive*.

—¡Sí —contestó la Sara, orgullosa—, pero éste te lo he grabado yo misma en casa! Tiene un valor sentimental muy superior a uno comprado en una tienda, ¿no crees? Mira, ve haciendo el café, y mientras, yo lo rebobino y lo vemos tan ricamente.

«¡Rebobinar! ¡Qué *vintage*! ¡Suena como hilar en rueca!». — pensó la Carrá, mientras preguntaba—: ¿Qué peli es?

—¡«El Último Cuplé»! Una de Sara Montiel, que seguro que no has visto. —respondió la Sara, dándole al rebobinado.

La Carrá hizo un mohín:

—Chica, celebro que la Montiel haya estrenado algo nuevo, pero mejor vemos el programa de Fabrizia Sentraña.

—Ah, no, yo para ver petardas, prefiero las clásicas. ¡Ve haciendo el café que esto está a punto!

—Mira, te voy a ser sincera... ¡No aguanto a la Montiel! ¡Lo más antiguo que aguanto es la Madonna, y para ver momias me voy a Egipto, que al menos no salen del sarcófago cantando «fumando espero»!

La Sara pareció ofendida. La Montiel era su ídolo, y de ahí el mote que llevaba con orgullo. Así pues, herida en sus gustos, sacó la cinta del aparato y la guardó en su funda.

—Bueno. Pues nada: ¡pon tú lo que quieras!

—Quiero poner a Fabrizia Sentraña.

—¡Pues hala —dijo la Sara, cruzando los brazos enfurruñada—; a tragar telebasura! ¡Es tu casa y los cuarenta los cumples tú! Como es evidente...

La Carrá encendió el televisor en el mismo momento en el que empezaba «Confiésate al mundo»: justo acababa de salir a escena Fabrizia Sentraña, una Barbie de labios de salchicha y mechas rubias, ante un decorado chillón y un público de jubilados.

—¡Queridos televidentes —decía la Barbie— nos encontramos aquí, como siempre, fieles a nuestra cita con ustedes en nuestro programa! Esta tarde tenemos nuevos invitados dispuestos a confesar sus secretos a toda España, y al mundo entero a través de nuestro canal internacional. Nuestra primera invitada es Maruja. Hola, Maruja, ¿cómo te encuentras?

—*Pos* verá, señorita, ante *tó* felicitarla por su *pogama*.

—¡Muchas gracias! —Y la Barbie sonrió, enseñando sus 32 piezas de porcelana, para amortizar el gasto.

La Sara bostezó ostentosamente:

—Otra tipa sin vida que contar, y que la cuenta.

La Carrá subió el volumen.

El marido de Maruja era camionero y ella, sola en casa, se metía cosas por el chocho.

—¿Qué se suele introducir en su vagina, Maruja? —se interesó la Barbie.

—Pos yo, señorita, mayormente calabacines, nabos, pepinos…

Entonces se dio paso a las llamadas: la Barbie anunció que tenían en línea a Manolo, el marido de Maruja.

—¿Ha oído usted la confesión de su mujer? —preguntó, mirando a la pantalla.

—¡Si, si, la he visto en el bar del puticlub de carretera! —respondió una voz en *off*.

—¿Y quiere decirle algo?

—¡Que le doy permiso a que me ponga los cuernos, que me da menos asco que comerme su ensalada después de saber dónde han estado los pepinos!

—Pero qué vulgaridad de programa... —dijo la Sara con un mohín, repasando con la vista los cuadros expresionistas para dejar claro su desinterés.

—¡Calla, pedorra, que tú también haces esas cosas!

—Yo, lo mío, no lo cuento mas que a las amigas.

—Pero ya nos encargamos nosotras de que lo sepa todo el mundo, que para eso estamos.

Maruja estaba indignada con su marido, y la Barbie deseosa de pasar al siguiente invitado.

—¿Pero ha oído usted lo que me ha dicho? —lloriqueaba Maruja.

—Si, hija, sí, lo he oído: te ha dado permiso para ponerle los cuernos delante de toda España. ¿No la envidian, señoras? Anda, rica, levántate y vete para allá ligerita, y dale el micro a la señorita azafata. No te lo metas, eh? Que da calambres. Nuestros siguientes invitados son...

—¡Pon la cinta de vídeo inmediatamente! —gritó de pronto la Carrá.

—¿Qué pasa, que te has aburrido y ya quieres ver mi regalo?

—¡Qué coño, es para grabar el programa!

—¿Grabar eso? —la Sara miró la pantalla y dio un respingo. Corrió a sacar la cinta de su funda con manos temblorosas, y de los nervios se le cayó dos veces al suelo antes de acertar.

—¡Dale a grabar ya! —gritó la Carrá.

En la pantalla de la tele, sentados en el sitio dejado por Maruja, estaban Arturo y David.

Arturo no podía creer lo que estaba haciendo: hubiera deseado ahogarse aquella noche en el mar. Hacía rato que sus ojos sólo buscaban la puerta de salida. Sudaba a chorros bajo el grueso revoque con el que lo habían enjalbegado las maquilladoras. «Pero qué tías, ¡cómo le han puesto de ganas! Habrán pensado, embalsamemos ya a la momia. Como me rasquen con una espátula llenan un saco de mierda».

Luego miró a David: guapo, sí, pero como maniquí de cera. «Esto debe ser amor. O chochez. No sé. ¡Uf, qué calor! No me atrevo a tocarme la cara, por si se me queda pegada la mano».

David se volvió a él y sonrió. Arturo le respondió con una mueca. «Esto debe ser amor, sí. O eso, o me he vuelto idiota».

Habían pasado quince días desde que dijo que quería gritar su amor al mundo, y David le había respondido "hazlo". Desde luego que él no estaba pensando en gritarlo por televisión, pero David se lo había suplicado. Y él le había vuelto a seguir, tan dócil como cuando le siguió nadando a la boya, hasta no hacer pie.

No pudo pensar más: todas las cámaras estaban en formación como un pelotón de fusilamiento. ¡Apunten, fuego; acción! Un foco cenital sacó el brillo de la calva bajo sus pelos cuidadosamente colocados, y la Barbie avanzó exhibiendo sus fundas como bayonetas.

—¡Nuestros siguientes invitados son Arturo y David!

Y aquí había sido cuando a la Carrá se le había caído en su casa la mandíbula al suelo. En un momento había llamado a la Baby Jane y a la Perdita para que sintonizaran el canal. Hechas las presentaciones, la Barbie estaba preguntando:

—¿Y cuándo os enamorasteis?

—Bueno... —estaba diciendo David, aparentemente encantado de todo: del maquillaje, de los focos, del público y de la Barbie—, yo ya me había fijado en él. De hecho fue el único profesor que me aprobó.

—Porque fui yo el único con el que estudiaste. —respondió Arturo, para dejar algo de su prestigio profesional a salvo, si aún se podía— Yo no apruebo a nadie por ser guapo.

—¡Sí, es cierto! —asintió David, mirándole con ojos tiernos— Quería causarte buena impresión: por eso tu asignatura la estudié.

—¡Qué bonito, qué bonito! —exclamó Fabrizia con las lentillas en blanco— Yo me enamoré de un profesor en la facultad de periodismo: ¡porque sepa toda España que yo fui a la facultad de periodismo! Me pasaba los días en su despacho y saqué siempre sobresaliente. Desde aquí hago un llamamiento a todos los estudiantes para que se enamoren de sus profesores: ¡es mano de santo para aprobar con nota!

—¡Sí, guarra —comentó la Carrá desde su casa—, pero seguro que tú en ese despacho estabas siempre bajo la mesa! ¡Así se te han inflado los morros!

Arturo debió pensar lo mismo, porque contestó, incómodo:

—Ese curso no hicimos nada. A mí ni se me pasó por la cabeza.

—Bueno, a mí tampoco — terció David—, porque no sabía que entendía.

Fabrizia hizo un aparte para explicar al público lo que quería decir «entender», como si su público no fuera el mismo que el de Jorge Javier Vázquez.

—¡Y bien! —continuó luego, encarándose a ellos con las fundas en posición de ataque— Lo que queréis confesar entonces al mundo es que os queréis, ¿no?

Arturo hubiera querido explicar lo que había sentido al ver a David desperezándose por primera vez en su cama; hubiera querido responder lo mismo que le respondió cuando le preguntó si le daba vergüenza pasear con él a la luz del día, y él le respondió que era un

29

orgullo... Pero en ese momento ya no estaba seguro de nada: la vergüenza había derrotado todo otro sentimiento. Iba a salir del paso con algo, pero la Barbie le interrumpió de pronto.

—Tenemos al teléfono al padre de David, al que acabamos de conectar. ¿Señor Paco? ¿Cómo está usted?

Largo silencio.

—¿Señor Paco? ¿Cómo está usted?

Finalmente se oyó un susurro al otro lado de la línea:

—De pie, señorita. Si me pinchan no me sacan sangre, pero... sigo de pie.

—¿Está usted viendo el programa?

—Si... Mi hijo me dijo que pusiera la tele, que me iba a dar una sorpresa.

—¿Y qué le ha parecido?

—Joder... — repicó tras un silencio— hubiera preferido un frasco de colonia...

Risas del público.

—¡Oiga!— suena la voz, mosqueada—¿De qué cojones se ríen esos?

—Tranquilo, señor Paco, es una risa cómplice.

—¿Cómplice? ¿Soy un delincuente acaso para tener cómplices? Y usted pare de sacar los piños, oiga. ¿O se está cachondeando de mi hijo?

—¡No, no, señor Paco! ¡En este programa tratamos muy en serio a los gays, oiga!

—¡De mi hijo, sepa que no se ríe nadie! ¡Cuando llegue a casa lo deslomo, pero no admito ni una risa!

—¡No, nada de violencia! ¡Su hijo está siendo muy valiente por hacer lo que hace y merece un respeto!

—¿Valiente? Hombre... —reflexionó la voz— no, si cojones, tenerlos los tiene. Eso lo ha sacado de mí. Lo de ser maricón no, ¿eh? ¡Que yo soy muy macho, pregúntele a mi mujer!

—Hombre, pues sí, vamos a preguntarle.

—Ahora no, que se ha encerrado a llorar al baño.

—¡Ah; qué pena!... —se condolió Fabrizia sonriendo de oreja a oreja— En fin; ¿Quiere usted decir unas palabras a nuestros invitados?

—Bueno, páseme a mi hijo, que yo del otro no quiero nada.

—¡Sí, si, aquí lo tiene! Dígale lo que quiera, pero sea comprensivo y piense que este programa lo ven los niños.

—Pues lo tenían que pensar ustedes antes. Y tú, hijo, ¿Me oyes? ¿A ti que te han dado?

—Nada, papá —respondió David, con toda frescura, metidísimo en su papel televisivo—: ¡que me he enamorado!

A Arturo, esa declaración de amor pública, le entristeció. No era allí ni de esa forma como hubiera querido oírla. La voz continuó tras la línea:

—¿Y qué pasa, que no había chicas guapas de sobra para enamorarte, que has ido a dar con este señor medio calvo? Y usted, caballero: ¿No hay bastantes señoras de buen ver como para dejar tranquilo a mi hijo? Que usted será todo lo profesor de Historia Antigua que sea, más que nada porque la habrá vivido toda...

—Moderna, señor —apuntó tímidamente Arturo—: Historia Moderna.

—Y tendrá una cabeza brillante, no lo niego, ¡que el brillo se le ve desde aquí! —Siguió la voz, inmisericorde sin hacer caso a la interrupción—. ¡Y entenderá todo lo que quiera, pero de algunas cosas no entiende mucho, o no saldría aquí en esa cutrez de programa a ventilar lo que a nadie le importa!

—¿Cómo cutrez de programa? —se rebota Fabrizia. El público se ríe ante la desesperación del regidor, que hace señas de que no, que ahora no tocaba.

—¡Oiga, señor! —dice Arturo, mosqueado— ¡Que esto es una prueba de amor que me ha pedido su hijo!

—Mi hijo es que ha visto demasiada tele. Ya le dije a su madre que se la racionara, no me hizo caso y así ha salido.

—¿Racionar la tele? —se escandaliza Fabrizia— ¡Esto es un atentado cultural!

Tras un incómodo silencio, durante el cual la Barbie no sabe dónde encarar las lentillas, con su sonrisa de treinta y dos fundas congelada, se oye la voz de nuevo, quejumbrosa:

—Hijo... ¿Esto significa que no me vas a hacer abuelo?

—Papá, puedo adoptar.

—¡Qué coño adoptar; ahora encima tráeme una china! Tú es que estás tonto: a saber lo que te ha hecho ese tipo para convencerte de que te cambies de acera.

Arturo iba a protestar, pero David no le dejó.

—¡Papá, que yo soy así desde que nací!

—¿Tú qué vas a ser, con las novias que has tenido! ¡Pero si te has trajinado a medio instituto!

—¡Sí, pero no el medio que te crees!

—¿Ah, sí?— dice Arturo, volviéndose hacia él sorprendido. Nuevas risas del público, y de los amigos en sus casas.

—A ver, tontina —soltó la Carrá hablando a la pantalla—: ¿te creías que desflorabas un virgencito? ¡Nena, que las nuevas generaciones son como las frutas transgénicas: ni pepitas, ni virgo!

David, confuso replicó a Arturo:

—Eso fue hasta conocerte.

—¡O sea, hasta la semana pasada!

—¡Ay, por favor, qué bonito, discusión de enamorados! —dice la Barbie, poniendo de nuevo las lentillas en blanco— Usted, señor —se dirige al padre— no se retire, que tenemos en la otra línea a su consuegra.

—¿Qué coño mi consuegra?— dice la voz— ¿Esto qué es, la pedida de mano?

—¿Mi madre?— dijo Arturo, sorprendido.

—Sí, su madre, la señora Alma. La hemos contactado hace unos minutos: Está en casa con Rosa, la hermana de usted, y les hemos dicho que permanezcan atentas al programa. ¿Señora Alma, ha escuchado usted a su hijo?

Al otro lado de la línea se oye un estertor, «¡Aggggg!», y un golpe seco, luego un grito de mujer; «¡Mamá! ¡Mamá! ¡Socorro, una ambulancia!».

En la tele parece que la imagen se ha congelado. La Barbie ni parpadea, y las treinta y dos fundas se preguntan si entrar o no de una vez en la boca.

—¿Señora Alma? No responde... ¡Vaya, estooo...; pasamos a publicidad!

Fundido en negro y aparición de unas muchachas que vuelan en un cielo rosáceo, felices de la absorción de sus compresas.

La Carrá y la Sara se miraron.

—¿Lo has grabado todo?

—Si.

Las dos dijeron a una, como ensayado:

—¡Esto tiene que verlo la Patata!

Y lo mismo en ese momento estaban diciendo en sus casas Baby Jane, Perdita y Cruella; unánimes como un coro de tragedia griega o de zarzuela, tanto da.

Capítulo 3

El salón-comedor de la casa del pueblo le esperaba como la araña a la mosca. La desconsolada lámpara del techo seguía llorando sus lágrimas de cristal, y la luz alicaída, filtrada por las cortinas, caía desparramada y sin fuerzas sobre el suelo de baldosas ajedrezadas. El cuadro de la Santa Cena seguía con la mesa puesta, y también seguía sobre la chimenea la Inmaculada de Murillo con los ojos en blanco como si evaluara el lento ritmo de progreso de una grieta en el techo, mientras pisaba distraída las cabezas de angelotes que la sostenían agitando trabajosamente las alitas. El fantasma de su padre, silencioso en su sillón como un mueble insertado en otro mueble, permanecía sentado en su rincón de siempre, esparciendo tufo a tabaco, aunque allí no se fumaba en veinte años; y entre las paredes desconchadas por la desilusión y las vigas carcomidas por el remordimiento, se criaban nidos de reproches venenosos que dejaban al llegar la noche sus escondrijos para reptar dejando un rastro de babas.—¡Desde luego, Arturo, cómo eres! ¡Casi matas a *mi* mamá! —le dijo de pronto una mujer casi cincuentona, con aspecto de niña vieja. Formaba parte de esa casa como el resto del mobiliario, como una muñeca olvidada en el desván. Era Rosa, su hermana mayor, el teléfono inalámbrico de su madre. Y había dicho "*mi* mamá", como una nena de seis años que se apropia de un juguete que le disputan.
—¿Dónde está?—¡Arriba, sinvergüenza: en su cuarto, recuperándose! ¡Si es que hay recuperación posible para el disgusto que le has dado!

Mientras subía la escalera seguido de su hermana para ir a la habitación de su madre, se sintió encoger peldaño a peldaño, y al llegar arriba no conservaba del adulto cuarentón más que la cáscara que encerraba a un niño de edad indefinida, aterrado por la culpa de haber hecho sufrir a su madre: la peor culpa posible, como saben todos los niños viejos del mundo.

Abrió la puerta lentamente. Su madre estaba en la cama.

—Mamá... — susurró.

La mujer abrió los ojos. Arturo trató de buscar en ellos los sentimientos que los animaban: dolor, ira, reproche... Comprensión hubiera sido inconcebible.

—Mamá, dime algo... —suplicó, de pronto con la misma voz ansiosa de cuando niño, cuando ella le castigaba con silencios que duraban días.

Se oyó entonces salir de la cama una voz quejumbrosa:

—¿Qué quieres que te diga? Ya lo has dicho tú todo a todos, menos a mí.

Esperaba ese reproche: sabía que es el primero que hacen las madres cuando al fin saben. Su memoria proyectó entonces un cortometraje de los años ochenta.

Él, con dieciocho años, y sus hermanas Blanca y Rosa, están ante la tele del salón viendo una de las primeras manifestaciones gay. La madre en segundo plano, sentada frente a la mesa camilla junto a la ventana y con las antiparras puestas, ha acabado de pintarrajear con el bolígrafo *bic* los excesos carnales de la revista *Lecturas*, y contempla, satisfecha, cómo el escote "palabra de honor" de Sofía Loren ha mutado en recatado jersey de cuello cisne. Ahora, tijeras en ristre, recorta las esquelas de los periódicos pasados de fecha, destinados a acabar su vida útil en el cuarto de baño: no es cuestión de limpiarse el culo con cruces ni oraciones a los difuntos.

En pantalla, no más de cuatro o cinco activistas encarnan a la perfección las pesadillas de cualquier madre: locazas chillonas de labios pintados de las que sirven de avanzadilla para recibir las tortas, mientras el grueso del ejército, los homosexuales respetables de traje y corbata, miran con prismáticos el campo de batalla desde una colina hasta que todo escampe y puedan desfilar sobre los cadáveres del comando suicida. Rodeando a las locas, energúmenos con rostros desencajados que atraídos como pirañas al olor de la sangre, se han juntado para escupirles insultos y amenazas.

—¡Estamos aquí en nombre de todos los que no se atreven! —decía ante el micrófono, levantando la voz entre el griterío, uno de los manifestantes; bajito, calvo y con gafas, vestido de camisa rosa, labios pintados, pestañas postizas y dos dedos de maquillaje—. ¡Ésta gente no entiende que cualquiera puede ser gay! ¡Tal vez lo sea el vecino al que saluda todos los días, o incluso su hijo o su hermano!

Al oír esto, la madre, doña Alma Grande, viuda de don Rodrigo España Caballero, y llamada en el vecindario doña Alma de España sin malicia alguna, explotó de indignación secundada por Rosa, su prótesis:

—¡Esta gentuza quiere que sospechemos de todo el mundo!

Se la notaba inquieta, temiendo la posibilidad de que hubiera algo cierto en las palabras del monstruo. ¿No había muerto Franco? Los ratones, pues, bailaban.

El micrófono entonces dio paso a los que gritaban: la televisión de España salía a tomar el pulso de la calle. Había hombres con caras como caprichos de Goya y mujeres como el Grito de Munch: "¡todos los maricones, colgados de los cojones!" graznó el Grito desde mil gargantas.

—¡Desde luego! —sancionó doña Alma de España. Y exhaló un suspiro de alivio.

Miró a Arturo, y éste se encogió ante su mirada como el hijo de un jerarca nazi que escondiera bajo su ropa un antojo en forma de estrella de David.

—Fíjate: ¡había llegado a asustarme! Tu vecino, te dicen, tu hermano... ¡Incluso tu hijo! —sus ojos seguían fijos en Arturo— ¡Quieren que te mire con asco! ¡Esto es lo que llaman democracia!

—Pero... —se atrevió a replicar Arturo— ¿Por qué habría que colgarles de los cojones?

—¡Porque sí!— gritó la madre— ¡Y no digas tacos!

—Desde luego, Arturo, cómo eres —secundó su hermana Rosa—: cojones no se dice.

Blanca calla y le mira. Blanca calla y le sonríe. Blanca siempre está sonriendo: cuando sea mayor tendrá muchas patas de gallo, y parece que no le importe.

—¡Ésta es la voz de España! —volvió a sentenciar la madre, que siendo Alma de España, algo sabría de su voz— Y tú no deberías ser tan maleable: te convencerán de que puedes estrecharles la mano, o mirarles... y te convertirán en uno de ellos. Son como una secta, ¿sabes? Y las mujeres también. ¿Cómo las llaman? Livianas. ¡Quieren volvernos livianas a todas! —se estremeció, mirando a sus hijas.

—Mamá, salvo que regenten una clínica de adelgazamiento, no creo que tengan mucho interés... —se atrevió a opinar Arturo.

—¡Que lo intenten, las muy cerdas! A la que me ponga la mano encima, la escupo.

—Pero, mientras hagan lo que quieran sin meterse con nadie... —insistió Arturo, sintiéndose como un desertor que ve masacrar a sus compañeros escondido desde la retaguardia.

—¿Otra vez? Para empezar, sabrás que eso es pecado mortal, que lo dice San Pablo.

—En la epístola a los sodomitas, supongo...

—¡Pues no, listo! En Romanos versículo uno, 25-27.

«Coño, se lo sabe de memoria», pensó Arturo.

—Pero tú búrlate de las cosas santas...—siguió la madre— ¡Qué pena me dará no verte en el cielo!

Arturo imaginó el cielo donde su madre pensaba ir con él, un cielo desconchado, como el que había visto pintado en la cúpula del techo de la iglesia del pueblo donde hasta los diecisiete años la acompañó los domingos. Allí revoloteaban ángeles y santos enseñando como cabareteras las enaguas a los fieles, y en el centro, la muy liberal familia formada por la Virgen, el Padre, el Hijo y la Paloma. Pese a tanto descoco, era un cielo tan opresivo y triste como las largas misas de domingo con los ojos fijos en él, mientras las palabras del cura resbalaban sin entrar en sus oídos y el aire se espesaba de alientos rancios impulsando oraciones, que en su camino a las alturas se adherían a la cúpula como una neblina tóxica. «Mamá —hubiera querido contestar— lo peor del cielo no es que no exista, es que exista y sea así. El infierno por lo menos tiene que ser como una discoteca sin aire acondicionado pero llena de amigos».

—¡Sí, tú búrlate ahora! —seguía diciendo su madre, que parecía haberle adivinado el pensamiento— ¡Luego te irás con todos esos! ¡Al infierno! Y lo peor es que ellos no se van a ir con discreción, no, que se va a enterar todo el mundo. ¿Y qué van a decir sus pobres madres cuando en el cielo les pregunten los vecinos por su niño? De no haber dado la campanada con esas camisas rosa y esos labios pintados, podrían haber contestado «Ay, no sé... se ve que tuvo un mal pensamiento en el momento del tránsito, que ya se sabe que es cosa por la que se condenan hasta los más santos». Pero ya no les valdrá, porque todos sabrán que se van por fornicar con hombres, los gorrinos. ¡Que no sé cómo no les da asco hacerlo por ese sitio!...

Y entonces, doña Alma de España se dirigió a gritos a la pantalla, donde aún seguían los manifestantes, medio linchados, rodeados por los extras del Guernica, los caprichos de Goya y los gritos de Munch:

—¡Que sé por dónde lo hacéis, que no me chupo el dedo! Y no me hagáis entrar en detalles, que soy una señora. Pero vamos... —Y se encaró de nuevo con Arturo—. ¡A tu padre jamás se lo permití yo por ese sitio! ¡Y por el otro, con reparos!

Acabado el cortometraje, se encienden las luces de la sala.

¿Con quién estaba en deuda? pensó Arturo. En todo caso, no con su madre, sino con el adolescente que quedó atrás, arrastrando su soledad por los parques mientras a su alrededor se besaban las parejas, buscando en rincones oscuros lo que otros gozaban a la luz del sol. Y el adulto que hoy pudo construirse trabajosamente una vida serena, no podía desandar el camino para devolverle la juventud robada.

—¿Qué te iba a decir, mamá? ¿Que yo era de ésos a los que había que colgar de los cojones? ¿Qué soñaba decírtelo y me contestaras: «sólo quiero que seas feliz?».

—Yo siempre he querido que seas feliz.

—¿Cómo, si nunca has intentado conocerme? No puedes admitir modos distintos de ver la vida. Rosa, por ejemplo, es un eco tuyo.

— No es verdad. Dilo, Rosa.

—No es verdad. ¿Lo he dicho bien, mamá?— respondió Rosa.

La madre la ignoró.

—¡Tu hermana Blanca y tú sois iguales! ¡Unos desagradecidos! Yo siempre he sido una víctima, una incomprendida. Yo...

—¡Yo, yo, yo! ¡Siempre hablas de tí, incluso cuando se supone que hablas de los demás! Empieza una frase sin decir «yo». ¡Dí «tú», mamá! Y que no sea para decir «Tú me has hecho esto y lo otro».

—Bien, pues lo haré así —accedió la madre—: ¡*Tú* estás loco! No sé qué te ha dado, serán las malas compañías, porque desde luego *tú* no eras así.

—Error... Inmenso error. ¡He sido así desde que tengo memoria!

La madre calló un momento, rumiando eso. De pronto soltó:

—Pues debiste habérmelo dicho hace años.

—¿Qué? —exclamó Arturo sin creer lo que oía.

—¡Nunca te has abierto a mí! ¡Me has arrojado fuera de tu vida!

Se enjugó una lágrima.

«¿Cómo lo hace para darle la vuelta a todo? ¡Y conseguirá creérselo!» Pensó Arturo.

—¡Por tu culpa hemos perdido un tiempo precioso! —gimoteó doña Alma.

—Desde luego, Arturo, cómo eres... — repitió Rosa.

—¡A que te doy! —chilló el niño de seis años que, entre las dos, le estaban sacando fuera con fórceps.

—¡Mamá, me amenaza, dile algo! —lloriquea Rosa.

—Callaos los dos. ¡Me llevaréis a la tumba!

Entonces cambió de tono, y de repente preguntó amable:

—Bueno, y qué. ¿Te vas a casar?

—No, no creo.

—¿Por qué no? Ya podéis. Podrías casarte en directo por la tele.

—¡No seas irónica, por favor!

—No es ironía. ¿Ves cómo no me conoces?

No, en efecto. No la conocía. Había cambiado en estos años, tanto como España, a no ser que ni una ni otra hubieran sido nunca sinceras. Porque, si aquél fanatismo obtuso del pasado era una máscara: ¿no sería una máscara también esta nueva tolerancia? Lamentó no haber estado presente para ver a doña Alma arrojar su viejo *atrezzo* y ponerse el nuevo, dispuesta a cambiar de personaje. Miró a su hermana, pero la pobre Rosa estaba desconcertada, como un juguete teledirigido que, falto de dirección, empieza a darse golpetazos contra los muebles.

—¿Sabes? —Decía su madre, ajena al desconcierto de sus hijos—: me han llamado las vecinas felicitándome... «¡Mira por dónde, Alma tu hijo es famoso!», me dicen. ¡Y esa chica tan simpática, Fabrizia, se ha interesado por mi salud! Me ha llamado en mitad de un programa, me ha dicho: «¿Cómo está usted después de su desmayo?», y me ha tenido varios minutos en el aire. Quiere que vaya a contarle cosas...

—¡No irás, supongo! —dijo Arturo, sintiéndose de pronto mareado.

—¡Anda, qué listo; tú puedes y yo no!

Arturo tomó aire.

—Mamá, a esta gente no le importa nada de lo que tú cuentes...

—¿Eso crees? ¡Pues les contaré mi experiencia de madre postergada! Ellos me darán la comprensión que tú me has negado.

Arturo cerró los puños y los apretó hasta casi hacerse sangre. Sin que él lo supiera, su madre había cambiado de religión: horas y horas de programas del corazón habían sustituido a las misas y los rosarios. Y Arturo no podía volver ya su frustración contra la que castró su juventud porque había desaparecido como una oruga envuelta en su crisálida de papel *couché* de la que salía ahora una mariposa con alas satinadas de color brillante; una criatura que libaba néctar rosa y que adoraba a los gays. Como a ese presentador tan guapo de concursos que se besaba en directo con su novio, o a ese divertido periodista que dirigía el programa «España sin piel», en la radio…

Arturo miró a Rosa buscando la complicidad que nunca le había dado. Rosa miró a su madre, como un receptor buscando sintonizar. Entonces…

—Desde luego, Arturo, cómo eres... —dijo Rosa— ¡Mira que eres antiguo!

Pero Arturo ya estaba bajando las escaleras como un rayo y dando un portazo que hizo temblar a los comensales de la Santa Cena, a la Purísima, a los angelotes y al Copón Bendito.

El decano de la facultad de Historia carraspeó: ¡ejem, ejem! Era un hombre con barbas de capitán Acab y corpachón de Moby Dick, que andaba siempre con jerséis deshilachados y sucios de tiza, por la inevitable razón de que su panza se aplastaba contra la pizarra cuando quería escribir algo en ella. Miraba a Arturo con mirada que quería ser severa pero no le salía, porque, como repetía su mujer a quien quería oírla, era un pedazo de pan, o, según otras fuentes, un mendrugo: en eso disienten los historiadores.

Tomaba café de un termo que escondía en su despacho tras un grueso ejemplar de las *Crónicas* de Ramon Muntaner, pues el médico se lo tenía terminantemente prohibido. Y en su trato con Arturo y los demás profesores, no se apeaba del usted.

—¡Ejem, ejem! Arturo, sabrá usted... —empezó algo azorado— sabrá usted que nunca he criticado sus tendencias, entre otras cosas porque nunca las he sabido de modo oficial... Bueno, algo oía, sí, pero usted sabe que mi especialidad es la historia medieval, y a mí el único homosexual que me desvela es Eduardo II de Inglaterra, al que esbirros de su mujer asesinaron introduciéndole un hierro candente en ese sitio que usted está encogiendo ahora. Pero esto no es vil cotilleo —se excusó rápidamente—, pues tal suceso fue un primer eslabón de la cadena que llevó a la guerra de los Cien Años, que son muchos. Es decir, que los únicos chismes de cama que me interesan son los que ponían entre jadeos los cimientos de la Historia Europea.

—Perdone usted, pero los líos de cama de la Historia Moderna también están muy bien... —respondió Arturo, por decir algo.

—¡Menudencias, Arturo, menudencias, dónde va a parar! —respondió el decano con gesto de espantar moscas— ¡A no ser que meta en ese saco a Enrique IV de Castilla, que «folgaba tras cada seto», según las coplas de Mingo Revulgo! Y luego hizo que su favorito, el bello don Beltrán de la Cueva, preñase a la reina porque a él le daba asco... Pero no me vale, porque es también materia de mi departamento: la Edad Moderna empieza en España con su hermana y su cuñado, los Reyes Católicos, con los que se acabó la juerga. ¡Y además, no divague que hablábamos de usted! —Volvió a fruncir el ceño, que había relajado sin querer. Levantó el dedo y recuperó su apariencia de severidad—. A mí, el que usted se beneficie lo que más le apetezca no me parece ni bien ni mal: pero es que lo de salir en "Confiésate al mundo" no me parece docente.

—¿No habrá querido decir decente?

—¡He querido decir docente; a mí lo de la decencia me importa lo que a usted, un rábano! La docencia es lo nuestro, Arturo: nos debemos a esta juventud maleable y maleada. Mire usted— condescendió—, yo ya sé que Sócrates le pellizcaba las nalgas a sus discípulos en los simposios, y que iba a los gimnasios a deleitarse, mirando las marcas de los genitales que dejaban en la arena los atletas, después de haber reposado desnudos tras los ejercicios de la palestra... Y sé que de esos polvos, y nunca mejor dicho, salieron la Academia y el Liceo, la Biblioteca de Alejandría y todo el Pensamiento Occidental en bloque. Pero, mire, si en tiempos de los griegos hubiera habido televisión, y en vez de escribir Platón nos lo cuenta Fabrizia Sentraña, ni Pensamiento Occidental ni un cuerno. ¿Me entiende? La única Academia que hubiera salido de ahí hubiera sido la de Operación Triunfo.

—Bien, pero mi idea era decente y docente, señor mío... —se excusó Arturo, sin mucha convicción— A los alumnos les ha de venir bien que un profesor suyo, homosexual, no tenga empacho en hablar de su vida privada en público. Y que sepan que el amor no tiene sexo.

—¿Ni edad?— añadió el decano con sorna.

—¡Pues mire, ya que lo dice, edad tampoco!— se engalló Arturo.

El decano cabeceó condescendiente.

—Mi querido y despistado Arturo, mire usted; esas cosas lo saben estos chicos mejor que usted y yo: no en vano crecieron con «La Bella y la Bestia», que es un asunto de zoofilia filmado por Disney. ¡Son otra generación, amigo mío! Sus padres no van a misa, y sus abuelas, en vez de rezar el rosario vestidas de luto eterno, se inflan a botox y ligan con viudos y separados en las discotecas de Benidorm. No tienen ningún tío cura con sotana, y si lo tienen es pareja de hecho de algún monaguillo; creen que existe una ley que obliga a perder la virginidad el primer día de instituto y la siguen a rajatabla. Seguramente la mayoría ya tiene algún amigo gay, que es cosa muy cotizada, y tal vez una amiga lesbiana, que aún no se cotiza tanto, pero estará pronto en alza. ¡Sí, ya sé que hay mucho joven reaccionario y machista, sexista, homófobo, racista o neonazi, o todo junto, que esas cosas vienen en *pack*!... Pero con esos no creo que tenga mucho predicamento Fabrizia Sentraña; y con los otros, la verdad, tampoco. Son otras lecciones las que tendríamos que darles: las del respeto a uno mismo, por ejemplo. ¡No sabría cómo explicárselo sin parecerle un viejo carca!

—No creo que sea necesario... —rezongó Arturo— Llevo días meditando sobre eso.

El decano le miró con afecto.

—¿Duele, verdad? A mí también me pasa: no siempre fui una vieja ballena, ¿sabe? Pero quizás el serlo me protege... De no ser así, hay veces que no sé lo que haría. La primavera... — suspiró— la primavera es lo peor. ¡Todas las niñas con sus escotes, sus blusitas cortas con tirantes, viniendo hacia mí por los pasillos con las luces largas!...

—¿Las luces largas? —dijo Arturo, desconcertado por el giro de la conversación.

—Sí. Deslumbrando; ¡Dios, cómo deslumbran!

Ya no hablaba con Arturo. Hablaba sólo.

—Este cuerpo mío es entonces una bendición; ¡una maldita bendición! Me miro al espejo, y tras renegar de Dios acabo dándole gracias. ¡Gracias, le digo, por este cuerpo que es una muralla contra la pasión, porque como una de esas nínfulas me mirara con algo... con algo así... —y cogió un átomo entre el índice y el pulgar— con algo *así* de deseo...; yo no salía en el programa de Fabrizia Sentraña, no: salía en la crónica de sucesos! ¿Sabe lo que quiero decir?

Arturo lo sabía. Y sintió simultáneamente un escalofrío y una cálida corriente de simpatía.

—¡En fin —dijo el decano, dándole una palmada amistosa—, no le culpo! Algo de envidia le tengo, a qué decirlo. Porque a usted sí le han mirado, y unos ojos bien bonitos, para que vea usted que sé valorar sus gustos, que no son los míos. ¡Y no me importa que prefiera usted a los chicos, así no tengo que competir con usted! Ni, bien mirado, con nadie... —añadió con amargura, mirando de nuevo su barriga de cetáceo— ¡Pero —reaccionó, adoptando de nuevo un tono paternal—; no pierda la cabeza! Dé gracias al cielo, si quiere, pero viva con los pies en la tierra. Piense que el amor de los jóvenes es flor de un día, pero el amor propio nos ha de acompañar a la tumba. La dignidad, acuérdese; la dignidad es lo único que nos ha de quedar cuando no nos quede nada. No la dilapide. ¡Y no vuelva, por Dios, a esos programas! Si lo hace así, en dos o tres décadas tal vez se olvide el asunto. Aquí en el campus no va a entrar ninguna cámara de televisión. Me gustaría poder dar órdenes de disparar a matar a la que se acerque a cien metros, pero me temo que no es facultad del decano de la Facultad. ¡Ja, ja, ja! ¡He hecho un chiste! —rió sólo, y se quitó las gafas para limpiárselas.— Vamos a mantener el decoro de esta casa. — sentenció al fin. Luego suspiró y miró al infinito— ¡Si esos mismos ojos verdes me miraran puestos en otra cara!...

Callaron los dos, melancólicos. Y Arturo se quedó convencido de que el decano era un pedazo de pan, más no un mendrugo.

«¡Bien —se dijo Arturo, ya en su casa—; mi madre, el decano... lo peor debería haber pasado!». Pero sabía que no era así. Desde hacía una semana, cada vez que conectaba el móvil un montón de llamadas perdidas y mensajes en su buzón de voz repetían siempre lo mismo: «¡Dime que no es cierto!».

Arturo se tomó un güisqui sólo, con hielo; y luego otro, para darse valor. ¿Qué hora sería en San Francisco? Sonó el móvil.

«¡Qué demonios, no puedo estar huyendo siempre!». Lo cogió sin mirar siquiera el número.

—¿Sí, Patata? —dijo, con voz cansada.

Al otro lado del teléfono estaba José la Patata, su mejor amigo y su peor pesadilla en uno: habiendo salido de una relación reciente como corcho de botella, hacía casi un mes que recorría el mundo gastando las energías de un miura: Mikonos, Amsterdam, San Francisco… Arturo estaba informado puntualmente y en tiempo real de sus hazañas, pues la Patata era su propio *paparazzi*: y así, por ejemplo, a las dos de la mañana, hora peninsular, informaba: «Ya me he puesto mona, estoy saliendo del hotel, voy a comerme la noche. ¡Hum, igual me como antes al ascensorista, que está bueno! Cuelgo». Y al rato; «Me lo he comido, mari, muy gustoso. Ya tengo el aperitivo, voy a por la cena. ¡La noche es joven, y yo más!».

Pero esta ocasión las primeras palabras fueron:

—¡Dime que no es cierto!

—No es cierto. —respondió Arturo.

—¡Anda ya, mentirosa, si lo han dado en la CNN! Yo estaba medio dormida y creí que era un documental de la naturaleza salvaje, ya sabes… «La vieja leona hambrienta recorre su territorio buscando presa; desde las última lluvias ha sobrevivido alimentándose de ejemplares viejos y lisiados, que más que ser cazados se suicidaban en sus fauces para acabar de una vez con los achaques… Sus presas potenciales la han venteado y corren a esconderse entre las cañas. Ahora atisba un recental que se ha separado demasiado de su madre. ¡Se arroja al cuello del incauto «gacelo»: por más que él se debate ella no lo suelta; depredador y presa se han metido entre las cañas, fuera de la visión de nuestras cámaras! Nos abstenemos de seguirles para ahorrar a nuestros espectadores espectáculo tan desagradable». En esto abro los ojos y veo que la vieja leona que se está merendando al cachorrín tiene tu cara. Y los buitres las de tus amigas, que vuelan en círculos sobre tu cabeza...

—Lanzando graznidos escandalizados, supongo.

—Casi... ¡pero no, querida; escandalizadas no es la palabra, se queda corta! ¡Tú no eres el Arturo que yo conocí: aquel era patético, llorón y autocompasivo! Nos divertías mucho, eras la amiga perdedora que todas necesitamos al lado para subir la autoestima. ¿Y ahora, qué? Tuve una larguísima conversación con la Carrá el otro día y llegamos a la conclusión de que esto no puede quedar impune. Lo pagarás. ¡Lo pagarás con creces! Te vamos a llamar Teleindiscreta, como aquella revista ¿recuerdas?

Hay un silencio tras la línea.

—¿Sigues ahí?

—Sí. Me limito a esperar que acabes con tus chorradas.

—Esperarás en vano tu vida entera. Otras olvidarán, yo, jamás: ¡nací el día de la Virgen del Recuerdo! ¿Acaso pensaste que no me enteraría? ¿Tan grande crees que es el planeta? Sabrás que regreso el día quince. Nuestras queridas amigas me han preparado una recepción en el aeropuerto, donde me harán entrega del vídeo del programa que han tenido la amabilidad de grabarme. Lo normal hubiera sido colgarlo en el *youtube*, pero claro, sería mucho pedirles a la generación del *Cinexín*. Ya me encargaré yo de hacerlo en cuando llegue.

—Parece ser que tenéis una vida muy aburrida.

—¡Aburridísima, Arturo, me has descubierto! Tanto sexo y sólo sexo siempre con hombres distintos una noche tras otra, no sabes lo monótono que puede llegar a ser. ¡Cómo deseaba encontrar un aliciente que me salvara de la rutina, algo que me hiciera levantarme de la cama por las mañanas!... Porque yo, por las mañanas no me levanto desde hace un mes. ¡Vamos, ni por las tardes! Desde que se ha corrido la voz de que hay una española ardiente en este hotel tan gay, es que ya no puedo salir ni al pasillo. Hacen cola, Arturo. Y eso cansa. ¡Cansa mucho!

—Menos lobos...

—¡Eso digo yo, que menos lobas! Pero ni caso. Las tengo a todas aullando tras la puerta, y yo diciendo, ¡chicas, apartad, que voy de compras, que se me acaba el lubricante; si es para vosotras, tontas! Por eso, ha sido un aliciente para mí tu salida del armario. Me has dado tema de conversación, porque habitualmente no hago más que jadear, y se me estaba olvidando el lenguaje articulado. Así que yo les digo: *"I have a friend whith is a very cupboard-off woman"*, que quiere decir que tengo una amiga que es una mujer verdaderamente fuera del armario. Aunque, la verdad, yo en tu lugar me escondería ahora en el sinfonier.

—Tu inglés es horrible. —dijo Arturo para cambiar de tema.

—Sí, eso mismo me dicen ellos, *"you are marvellous, but your english is horribloï"*. Mari, pues que estudien idiomas. Si no os gusta mi inglés, les digo, veréis como os gusta mi francés. ¡Y, chica, les encanta! Pero volviendo a lo tuyo, que es lo único de lo que vamos a hablar en lo que nos quede de vida: ¿Cómo tienes la jeta de decir que hurgamos en tus intimidades cuando tú mismo has salido a tender tus bragas en la plaza pública?

—Yo he salido a los medios —dijo Arturo con voz cansada y sin convicción— porque estoy concienciado de lo necesaria que es la visibilidad para normalizar el hecho homosexual en el siglo XXI. Y es revelador que la sociedad española, representada por mi madre y el decano, responda a mi gesto con muestras de apoyo y respeto, y las únicas que se escandalizan sean las viejas mariconas de mis amigas.

—¡Tú has salido a los medios esos —respondió la Patata, inmisericorde— porque te habías ligado a un jovencito que ni tú te lo creías, y pensabas que te dejaría tirado en una semana sin darte tiempo a enseñarlo! Así que te dijiste: «lo saco en la tele para que se queden todas muertas de infarto; y aunque luego me abandone, me echen de la facultad y mi madre me desherede, viviré del bonito recuerdo de ese asesinato en masa». ¡Pero, hija, que yo sé que hoy en día se hacen maravillas con los efectos especiales, así que mis ojitos han de verlo y mis manitas tocarlo, que ese niño puede estar hecho por ordenador!

Al colgar el teléfono un largo rato después, Arturo cerró los ojos y vio recortarse en la oscuridad un avión que sacaba el tren de aterrizaje; cuando tomó tierra, ahí abajo estaban todas: la Carrá, la Sara, Baby Jane, Perdita, Cruella... y en lo alto de la escalerilla, como una estrella de cine de escandaloso incógnito, apareció la Patata, con gafas de sol, la mariconera cruzada y un abanico para aventar los últimos calores de octubre. Lentamente fue bajando, como si estuviera en las escalinatas del Paralelo, mientras canturreaba la vieja canción de las revistas de Lina Morgan; «Emocionada, agradecida...», y cuando llegó al último escalón, todas la rodearon ofreciéndole, no un ramo de flores, sino la cinta de vídeo envuelta en papel de regalo y con un lazo monísimo. Ella la cogió en sus manos con una leve genuflexión, elevó los ojos al cielo y dijo temblando de emoción:

—Me voy corriendo a casa a ponerla, chicas. ¿Quién se viene?

Felizmente para Arturo, fue cayendo en la modorra benéfica de los güisquis.

Capítulo 4

La clase transcurrió con normalidad. Los alumnos sólo parecían escandalizados por su capacidad de aburrir sin medida: posiblemente la revelación pública de su homosexualidad no hacía sino desterrar para siempre en aquellas mentes el estereotipo de la mariquita divertida.

Notó, eso sí, algún cambio. Al principio no vio a Fanny, la morena de rompe y rasga que, siempre en primera fila, tomaba apuntes incluso de sus estornudos y le ametrallaba a preguntas: al final, tras ponerse las gafas de lejos, reparó en ella; sentada en la última fila, con el cuaderno cerrado y mirándose las uñas. En cambio, un chico de mechas rubias que estaba siempre en la última fila, con el cuaderno cerrado y mirándose las uñas, estaba ahora en primera fila, tomando apuntes a velocidad de vértigo, ametrallándolo a preguntas. «¡A ver si va ser verdad que los famosos de la tele ligan tanto!», pensó al percatarse, poniéndose de buen humor.

Lo cierto es que ése no era el único chico que parecía demostrar un interés renovado por la asignatura; al principio, Arturo no había reparado en el nuevo alumno que ocupaba una de las filas intermedias, un joven pelirrojo de ojos grises con un aire al príncipe Harry de Inglaterra, con el pelo cortado a cepillo y que le sonreía de vez en cuando con una sonrisa que recordaba bien, aunque puesta en otra cara.

Desde el fondo de su memoria brotó como una burbuja el recuerdo de Amy.

—Éste cruzará a la otra acera cuando no mire su padre.

Amy había dicho esto señalado a Gabi, su hijo de diez años, mientras le hacía la carta astral. Y había empleado la palabra «padre» con afecto, mientras que cuando mencionaba a Amando por su nombre no podía evitar un matiz de desdén, como si se refiriera a otro.

Gabi, entretanto, arrastraba por el suelo el velo de novia de Amy, sacado de a saber dónde, y caminaba con pasos estudiados como si al final del pasillo le esperara Kent junto a un altar. Sí... Arturo adivinó su futuro sin necesidad de cartas astrales.

—¿Y qué diría Amando? —no pudo evitar preguntar, más por el gusto de pronunciar el nombre que por otra cosa.

Se turbó, como siempre que hablaba del ex marido de Amy delante de ella, aunque hacía años que ya no se masturbaba pensando en él: malditos amores platónicos de juventud...

—Que diga lo que quiera mientras pague la pensión. —había respondido Amy, recuperando el tono desdeñoso. Y sonrió, con la misma sonrisa con la que, pasados los años, estaba sonriendo su hijo.

Intentó no mirarlo ni pensar en él y más o menos lo consiguió durante la clase. Pero a la salida no tuvo más remedio que hacerlo. Estaba en el cuarto de baño cuando, de pronto, Gabi entró tras él, y se le puso al lado, sonriéndole con descaro.

—Quisiera hacerle unas preguntas, para un trabajo —le espetó de pronto, mientras meaba tan tranquilo, mirándolo como si estuviera en su despacho—: verá, es sobre el tema de los homosexuales y el franquismo.

A Arturo, profesor de la generación más tuteada, le chocó el «usted» en labios de un chaval tan joven.

—Pues pregunta, pregunta, pero pregunta a la salida—respondió—. Porque verás, yo, es que hablando de Franco mientras meo, como que no me concentro y no echo gota...

—Es muy simple: ¿cómo se las arreglaban entonces para ligar? ¡Con esa ley de la peligrosidad social, que podían meterlos en la cárcel y todo!...

—Pues verás... —dijo Arturo, sacudiéndosela. Al final, el jodido había conseguido que no meara—: supongo que te podría dar alguna bibliografía para ese trabajo, pero es que yo soy del departamento de Moderna, y el Franquismo es asignatura de Contemporánea; ¿Sabes, hijo? ¡La Historia Moderna se acaba en la Revolución Francesa, te informo por si te dejaron a la puerta de la Facultad sin ese dato!

—Ya...; pero es que yo le preguntaba por su experiencia personal.

—¿Por mi qué? —Arturo creía oír mal— ¿Mi experiencia personal? Mira, niño —dijo muy despacito, controlándose—: ya sé que eres de letras, aunque me temo que pocas. Y que, de números, sabrás si acaso el de tu móvil. Vale... ¡Pero supongo que te enseñaron a contar aunque fuera con los dedos, más que nada para saber en qué curso estabas! ¿No? Pues si es así, a ver si me sigues: yo cumplo el veintiocho de mes cuarenta y cinco años. ¡Cuarenta y cinco, retén la cifra!— recalcó como si hablara con un deficiente—. Y estamos en el dos mil nueve. ¡Y Franco murió en el 75! ¿Qué te dice eso?

—¿Qué me tiene que decir?

—¡Que yo aún no tenía once años cuando Paquita la Culona se mudó al Valle de los Caídos! —se impacientó— ¿Crees que a los diez añitos iba yo haciendo *cruissing* por ahí?

—No se enfade conmigo. Yo me guiaba por la edad que aparenta usted.

—Sigue así, chaval, que ya lo vas arreglando.

Arturo salió rápidamente, tras abrocharse la cremallera y dejándose sin sacudir esa jodida última gota. Iba deprisa hacia la salida, pensando en la mancha de humedad que notaba crecer en el calzoncillo, mientras Gabi le seguía a su vez dando zancadas.

—Pero usted a los diez ya sabría que era homosexual, imagino. —le decía.

—¡Y tú a los cinco ya debías saber que eras tonto, me figuro!

Habían llegado a la puerta de la facultad, a la amplia acera sembrada de hojas de tilos que bordeaban la avenida. El cielo era gris y desapacible. Gabi se había quedado parado en seco ante el desplante.

«Me parece que me he pasado»... —pensó Arturo. Se volvió atrás: Gabi, sin la sonrisa de Amy, tenía la mirada seria de Amando. Y sus ojos grises. Pero no tenía nada más que los ojos, el resto era todo Amy: unos ojos melancólicos ahora que no los iluminaba la sonrisa.

«Los ojos de Amando... ¿Porqué siento de pronto una punzada al pensar en esos ojos? ¡Al fin y al cabo ni siquiera eran verdes!».

—¡Me está usted hablando de una manera muy grosera —estaba diciendo Gabi— y yo no le he faltado! No está dando muy buen ejemplo a un adolescente sensible y necesitado de referentes.

«¿Sensible?: ¡mis cojones!».

—Tú eres mariquita, ¿No, niño? —soltó con grosería inesperada hasta para él.

—¿Yo? Si, para servirle. —contestó el niño sin ofenderse.

—Pues no me sirvas, que ya voy servido. ¡Aquí doy clases de historia, no de mariconeo! Si lo que quieres son clases particulares de eso, te doy unas cuantas direcciones de locales donde encontrarás profesores muy eficientes.

—¡No, si las direcciones que me dé usted me las sé todas!— respondió Gabi, sobrado—. Y algunas academias más que habrán abierto en las últimas décadas y usted seguramente desconoce.

De nuevo esa sonrisa le trae el mismo recuerdo de Amy: recuerdo lejano y cercano a la vez. Convocados por la memoria, vuelven desde el fondo de los años esa sonrisa y esos ojos grises: una pareja de novios sale de la iglesia, bajo una lluvia de arroz que el gorgojo de los años hace tiempo ha roído. Los ojos son los del novio, la sonrisa de la novia. El recuerdo le ablanda.

—¿Te llamas Gabi, verdad?

El niño se pone en guardia.

—Me llamo Gabriel. Gabi me llaman sólo mis padres y mis amigos.

Arturo asiente. Qué felicidad no ser ni lo uno ni lo otro.

—Tú eres el hijo de Amando y Amy, ¿no? —confirma.

—Pues sí. —La guardia sigue alta—. Veo que usted conoce a mis padres.

—Éramos muy amigos. Amando tiene mi misma edad. —de pronto recapacitó—: ¿Qué edad dijiste que tenías?

—Acabo de cumplir diecinueve años.

—La madre que te parió... — soltó Arturo sin pensar.

—¿Cómo dice?

—Lo que he dicho —reaccionó—: ¡Que la madre que te parió era gran amiga mía!

Meditó.

— Se casó muy joven, ¿verdad?

—Veinte años tenía, uno más que yo ahora. ¿Le parece muy joven para emparejarse?

—Según y cómo —respondió Arturo, cauteloso—; es buena edad para emparejarse, pero no para tener hijos.

Y pensó: «Así, tal vez luego éstos no nos vengan mordiendo los talones, sonriéndonos igual que sus madres».

Y de nuevo pensó en Amy: Amy, la sonrisa de la juventud.

A pesar de dárselas de echadora de cartas y vidente, Amy nunca había querido aplicar sus artes en escudriñar su propio futuro: «¿Para qué —decía—; lo sé de sobra. Tendré muchos amantes que me durarán un mes, y acabaré siempre sola».

Hasta ese momento había acertado el diagnóstico: de hecho Arturo la había encontrado sola, en esa casa llena de velas de colores que olía a incienso y esencias raras; sin apenas muebles y llena de alfombras y cojines donde recibía sentada a la morisca, con las piernas cruzadas. La librería estaba tan hueca de libros como repleta de baratijas: había en ella más Budas y Visnúes de baratillo que Cristos y vírgenes en casa de la madre de Arturo, y el balcón estaba tan florido, tan crujiente bajo el peso de las macetas con sus plantas trepadoras enredándose en los barrotes, que, al verlo, se echaba a faltar una banda sonora de barritar de elefantes y ver a Tarzán o cuanto menos a chita trepando por una liana.

El pelo rojo de Amy había vuelto a crecer tras la quimioterapia mucho más fuerte y rizado, y se lo había teñido con mechas de colores imposibles. Llevaba su atrezzo *new age*, bisutería étnica comprada en mercaditos alternativos, y fumaba un *narguillé* tunecino con sus ojos verdes entrecerrados en expresión de languidez mística. A primera vista, Amy no parecía ninguna devora-hombres: más bien una amable cigarra, cantarina y soñadora, a quien la más desconfiada hormiga le hubiera dejado a cargo su marido una noche entera. Posiblemente le hubiera devuelto la cáscara vacía mientras se relamía.

—¿Cómo está ahora tu hijo? —le preguntó Arturo, sorbiendo un té turco de manzana con la esperanza de que no llevara hierbas misteriosas.

—Haciendo la puta por ahí, supongo... creo que en la playa con un tío de treinta y cinco años que se ligó no sé dónde.

Arturo asintió: el niño seguía los pasos de su madre.

—¿Y lo tuyo?

—¿Lo mío, qué es? ¡Ah, eso!: he acabado el tratamiento y estoy limpia. Con una teta menos... pero limpia.

Una teta menos... Recordó las dos tetitas de Amy cuando se las enseñó en aquél cuarto de baño.

—¡Me jode como no puedes imaginar! —siguió ella, intentando bromear—Siempre supe que se me caerían al suelo un día, pero creía que serían las dos a un tiempo y que sería poco a poco, no así: una y ¡plaf!

Arturo miraba la selva del balcón. Dio otro sorbo al té. El ambiente, pese a lo excéntrico, era cálido, hogareño, y flotaba entre los dos una ternura callada. Allí, rodeados de los espíritus protectores de todas las religiones, parecían una pareja algo *hippie*, pero asentada. O quizás un hermano mayor de vuelta de todo visitando una hermanita atolondrada.

Pobre Amy: todas las carrozas se le volvían calabazas. Pobre Campanilla con abalorios de baratillo, que revoloteaba con sus alitas de gasa esparciendo polvos para volar a Nunca Jamás: había arrojado varias veces sus trenzas pelirrojas desde el ventanal del torreón para que por ellas subiera el príncipe, pero los príncipes de hoy sufren de vértigo. Y la antigua Campanilla acabó opositando para una plaza de vieja hada madrina, concediendo a otros los deseos que a ella la vida le negaba. Arturo la había visitado varias veces desde que le diagnosticaron el cáncer: siempre supo que podría con él. Alicia tan sólo se había torcido el tobillo, esta vez, al caer en la madriguera del conejo; pero estaba demasiado viva para dejarse escurrir sin más por el sumidero de la nada.

—¿Cómo está Amy? —se oyó a sí mismo preguntarle a Gabi.

Como si Amy pudiera estar mal. Como si los males no huyeran a su paso.

Se oyó un trueno sordo, lejano: iba a llover. Alzó la vista, consciente de repente del día gris y ventoso, del desasosegante vaivén de los tilos, de las primeras hojas secas del otoño. Y presintió que algo malo venía.

—Murió hace dos años. —le estaba respondiendo Gabi, con cara seria—Creía que lo sabía.

¿Amy muerta? ¿Puede morir la vida?

Miró a Gabi y no supo si creerlo. No le parecía cierto, pero: ¿acaso iba un hijo iba a bromear con eso?

Empezó a caer una llovizna suave.

—Perdona. No lo sabía... Hace mucho tiempo que no sé nada de ella. Perdimos el contacto.

Quería preguntar: «¿de qué murió?». Pero, aunque lo suponía, no quería saberlo: los detalles no haría sino confirmar su muerte, volverla sólida y real. De pronto, miró a Gaby —el huérfano de Amy, pensó— y se sintió frívolo al recordar sus pullas de antes. Le miró con lástima, pero evitando traslucirla: a los diecinueve años la lástima humilla, pensó. A esa edad, tan vulnerable como todas, uno se pretende tan seguro de sí...

—¿Y tu padre? —dijo.

—Sigue igual.

Ya lo sabía. Amando siempre seguía igual en su memoria.

«Amando... —pensó con cierta ironía afectuosa—; tan estricto, tan serio, tan católico, tan heterosexual». ¿Habría cambiado también él en esos años? ¿Tanto como la propia madre de Arturo, tanto como el Alma de España? Era difícil saberlo.

—¿No se ha vuelto a casar? —preguntó.

—No.

«Amando»... —pensó de nuevo. Se había repetido tantas veces medio en broma: «¿Amando a quién? No a mí, desde luego».

El nombre le traía el rumor de un río fangoso, de aguas estancadas en el recuerdo. «Amando... —Cuántas veces en pasados años repitió ese nombre abrazado a la almohada, haciendo el amor con ella—: ¿por qué no me amas a mí, Amando?».

Era éste un chaval atlético de pelo rubio ceniza, ojos grises y mirada seria, cuyo nombre seguía asociado al sabor de sus lágrimas adolescentes.

Se conocieron en los tiempos del pantalón corto, de poner monedas en la vía del tren, que recogían chafadas como una fina lámina; de pescar ranas, usando como cebo un saltamontes, o un pendiente rojo de bisutería que su hermana Rosa se volvía loca buscando; de baños en el río, en cuyas riberas fangosas, entre las espadañas y nubes de esas semillas algodonosas llamadas vilanos, se paseaban a veces sombras inquietantes... Su madre le decía que no fuera por allí.

Pasaron los años lentos de la infancia, llegaron al fin los quince años: ¡quién diría, después que huyeron tan rápido, que se hicieran esperar tanto! Demasiados ya para pescar ranas, o para poner monedas en las vías; pero seguía fluyendo el río donde nadaban desnudos, el río manso y fangoso flanqueado por las sombras de las espadañas. Un día se detuvieron a curiosear esas sombras y vieron hombres a la orilla. Los veían moverse, cautos, tras las espadañas y los vilanos.

—¡Mira— dijo Amando— son maricones!

Así supo Arturo qué esas sombras silenciosas que se escondían allí, eran lo que nadie era: aquellos que, como los vampiros, no aparecían a la luz y que, como ellos, contagiaban a quienes mordían.

—¡Qué asco! —dijo, por decir algo. Un viejo fue acercándose hacia ellos, y tenía la cara del lobo de los cuentos. Huyeron.

(Muchos otros habían pasado después de Amando por ese río; la corriente había arrastrado sus cadáveres hacia el olvido, desfigurados, irreconocibles, cubiertos de limo. Ninguno podía competir con él, con su amor de quince años).

—Pobre Amando... —Salió de su ensoñación, al notar fija en él la atención de Gabi. El hijo maricón de Amando, qué cosas tiene la vida.

—Tu padre era muy chapado a la antigua. —le dice— Más que cualquier chico de nuestra edad. Era muy…

—¿Facha?

«Con qué alegría gastan los niñatos esa palabreja —pensó—; casi como los de mi generación».

—No digo yo tanto, pobrecillo. ¡O bueno, sí! —concedió— Un poquito, sí.

—Y lo sigue siendo; y un meapilas de mierda. —soltó Gabi alegremente.

—¡Niño, que hablas de tu padre! —reconvino Arturo.

—¿Si? No lo sé. Eso dicen.

Arturo no tenía ganas de escandalizarse: allá cada familia con sus traumas. Pero no le gustaba formar parte de ellos, así que cambió de tema, esperando con ello cerrar la conversación:

—¿Y al final, qué pretendes de mí? ¿No querrás, me figuro, que desde mi posición de icono mediático te ayude a salir del armario?

—Pues no. No tengo ninguna intención de salir. Y no ya por mi padre: es que, mire usted, don Arturo…

«Ahora me llamas don Arturo. ¿Lo siguiente qué va ser, matarme?».

—…mire usted, don Arturo, a mí lo de salir del armario no me compensa. ¡Y menos para decir a los cuatro vientos que me he emparejado: las parejas en el ambiente, sabrá usted, duran lo que un calentón! Y las que duran, es que se ponen los cuernos y se han acostumbrado.

«¿Y este mocoso tiene veinte años? —se preguntó Arturo, ahora sí escandalizado de verdad— Habrá que descongelar a Walt Disney ya mismo».

—En fin, mire, que al final todo viene a ser sexo, y a mí el sexo me divierte, pero... ¿a qué condicionar mi vida a él? ¿Voy a salir al balcón a gritar que me gusta comer rabos? ¿Me define eso como persona? ¡Tanto como decir que me como las uñas, creo yo!

Arturo se sintió triste. Lo que estaba diciendo Gabi eran cosas que no quería oír. ¿Lúcidas? Pudiera ser que sí, o que no. ¿Y quién quiere ser lúcido ya, hoy en día? Gabi hablaba con desparpajo, como quien está por encima de cosas que no le había dado tiempo a vivir. A través de él, pensó, hablaba disfrazado el desencanto de otros.

—Hijo... —le dice, casi con dulzura— estás hablando como un viejo, y no has vivido nada.

—Y usted habla como un niño, y lo ha vivido todo. —respondió Gabi, con cierta hostilidad— Y no me llame hijo; ¡usted no tiene hijos, no los puede tener!

Arturo acusó el golpe.

—No soy estéril. —respondió, seco.

—Pues ya me dirá, en las cabinas del cuarto oscuro de «Malkeda», a quién piensa embarazar.

Arturo se envaró. Miró fijamente a Gabi, que le sostuvo la mirada.

«Me odias, ¿verdad? —pensó Arturo de pronto—: mirando esos ojos grises de Amando, veo que me odias. No sé qué intuyes, no sé qué sabes. Ni sé tampoco si quiero saberlo yo».

Pero en ese momento apareció por la esquina el coche de Arturo, con David al volante, como si fuera el séptimo de caballería al rescate: Arturo lo vio y respiró aliviado, y eso que le había permitido conducirlo tras muchas dudas, y sufría al ver los volantazos y acelerones que le propinaba. David frenó como en una película de persecuciones policiales, a escasos centímetros de un bolardo, y se bajó del coche como lo haría un sheriff. Saludó a Arturo, sonriente, y fue a su encuentro.

—¡Bueno, ya llegas! —dijo éste, contento de verle y de acabar ya esta conversación. Le dio un beso, ¿por qué no?, y se volvió hacia Gabi.

—Me ha gustado hablar contigo. —mintió— ¿Conoces a David, por cierto? Debió ser compañero tuyo el curso pasado, en primero de carrera, antes de que se lo dejara.

David miró despreocupado a Gabi, y éste le miró a su vez con indiferencia.

—Si. —dijo David— ¡Sí, me acuerdo de él!

—Yo no. —respondió Gabi— No me acuerdo para nada.

—La verdad es que ahora que lo dices, yo tampoco. —zanjó David, y sonrió a Arturo sin volver a mirar a Gabi.

Antes de que Arturo hubiera podido reaccionar a este vaivén de recuerdos y amnesias, Gabi se había despedido y había echado a andar sin volver la mirada. Arturo subió al coche perplejo.

—¿Entonces te acordabas de él o no? —preguntó mientras se abrochaba el cinturón.

—Sí. ¡O no! No sé bien.

Puso la primera y rascó a la caja de cambios de un modo que le dolió a Arturo en su carne. Arrancó.

—Yo conocí a sus padres... —pensó en voz alta Arturo, al poco— Los dos eran amigos míos. Del mismo pueblo.

—Tal vez tengamos amigos comunes. Tu pueblo no está en la luna.

— O tal vez lo conozcas por la facultad. O... —se interrumpió.

— ¿O qué? —preguntó David, volviéndose a mirarlo.

— ¡Mira al frente! ¡Llevas mi coche; cuando lleves el de tu padre mira donde quieras!

— ¿Te puedo mirar el paquete?

—Luego, en casa. Decía que igual te acuerdas por el listín de teléfonos.

— ¿Qué listín?

— ¡El que te follaste antes de conocerme! —terminó Arturo, seco. Ya estaba, ya lo había dicho.

David estalló en una carcajada.

— ¡Estás celoso! ¡Llevamos un mes y ya estás celoso!

—Lo estoy desde la primera noche. Pero es igual: el que está contigo soy yo, y no él. Así que si te lo follaste, no me importa. El que debe estar celoso es él.

«Y va a ser eso... —De pronto lo vio claro—: ¡ese niño está celoso de mí!».

Ya no le importaba si había habido algo entre ellos. Caramba, después de todo este cuarentón podía quitar un novio, y dejar rabiando de celos, a uno de esos veinteañeros que nuestras amigas de juventud nos han parido y azuzado como una jauría de galgos jóvenes y esbeltos. Pero esta vieja liebre aún podía correr más que ellos, o al menos, más que uno de ellos: tanto como para quitarle un novio al hijo de Amando y Amy.

Alargó el brazo y acarició la nuca de David, que en ese momento estaba concentrado en la conducción, con el ceño y los labios fruncidos.

—Relájate. —dijo, sonriendo.

—¡Si quieres que me relaje, acaricia más abajo!

—En casa.

—Me la podrías chupar mientras conduzco.

—Sí, y chocar contra un autobús y salir cadáver en los periódicos en tal postura. ¡Y ahí mi madre sí que se hincha a salir en programas de la tele de por vida! Tienes cada idea…

— ¡Eh… que era una broma!

—Pues pocas bromas, que estamos en la ciudad. —Y al cabo de un rato añadió, sin dejar de acariciar el pelo de David, con voz distinta—: Aún si estuviéramos en carretera…, en alguna carretera vecinal, parados en el arcén… ¿Pero a dónde vas? No vamos a casa.

—No. —responde David— Vamos a una carretera vecinal. A pararnos en el arcén.

Arturo se recuesta en el asiento. Mira por la ventanilla.

—Está lloviznando. —dice con voz quejumbrosa— ¿No prefieres nuestro piso, nuestra casa, nuestro sofá?

—¡Cállate, muermo! Te voy a sorprender.

—Eso, seguro. —suspiró Arturo, con resignación cansada— Nunca dejas de hacerlo.

Dejemos perderse el coche bajo la llovizna.

Capítulo 5

—Así que ahora el niño y tú a sois un matrimonio ejemplar.

Lo decía un hombre de treinta y nueve años, ojos claros y pelo rubio, que a esas horas y en esas compañías respondía por Patata: se trataba del mejor amigo de Arturo, aunque algo en su carácter lo asemejaba a esas marionetas de guiñol armadas de cachiporra que se dedican a hundir las testas de las otras marionetas, para hacer reír a los niños. Pues él hacía eso con la autoestima de Arturo: en cuanto la veía asomar, ¡cachiporrazo! Y los niños se reían, mientras no les tocara a ellos.

El club «*Palladio*» era el local de ambiente más antiguo de la ciudad, y ciertamente el que accedía por primera vez a él, tras bajar las escaleras que lo conducían a un nivel inferior al de la calle, tenía la sensación de entrar en el vestíbulo de unas termas romanas que hubieran conservado la clientela de origen. Las paredes estaban llenas de espejos, a los que ninguna reina preguntaría jamás quién era la más bella, por miedo a que contestaran: «Hace lustros que no asoma».

—Me he dejado la juventud en este antro... —dijo una vez Arturo. Y la Patata respondió:

—Tranquilo, la encontrarán mañana al barrer, y seguro que te la devuelven sin pedir propina.

A ambos les rodeaba esa noche una cuidada selección de amigos: estaba Baby Jane; también Perdita —alias inspirado en la perra que protagoniza *101 dálmatas*—; y Cruella, pareja de ésta desde hacía seis años. Quizás no haga falta añadir que los motes de las dos últimas respondían a una relación de esclava sumisa y estricta gobernanta que trascendía el ámbito de los juegos sexuales. Perdita, rechoncha y colorada, bebía con bonachona humildad de su cubata; Cruella, larguirucha, calva y con perilla, enfundada en cuero pese al calor, se recostaba en el mostrador mirando por encima del hombro, con aires de oscura flor del mal trasplantada a un jardín de orquídeas cursis que a su juicio sólo merecían una regadera de herbicida. Completaba el grupo Roberto, alias Sara, a quien ya conocemos; la Carrá trabajaba esa noche.

—¡Te ha dado fuerte —seguía diciendo la Patata—: lleváis un mes y ya te lo has metido en casa! Tú siempre habías esperado a que la relación se asentara... es decir, que siempre has vivido solo.

—¡Y con la bollera! —añadió Sara— La verdad, nunca he entendido que un marica cuarentón compartiera piso con una bollo. A partir de los treinta, si no tienes pareja, o estás sólo o con tu gato.

—¡No intentes de nuevo colocarnos tu gato ahora, aprovechando que lo nombras! —dijo Baby Jane.

«Mecachis, me ha pillado», pareció pensar la Sara.

Perdita se estremeció, mientras Cruella sonreía con desdén: también a ellos Sara había intentado colarles uno de sus gatos. Les enseñó las fotos del móvil y Perdita estuvo a punto de chillar. Cruella sólo había comentado: «¿Tu gata ha estado de parto o con diarrea? ¡Porque vaya cuatro mierdas ha echado!».

—Carmen es amiga mía desde la infancia. —explicó Arturo, con el tono cansado de quien ha tenido que contar mil veces la misma historia— Compartíamos piso cuando estudiantes; luego se emparejó con aquella tiparraca separada, llorona y depresiva, y cometió la tontería de comprarse un piso a medias y dejar que aquella fulana lo pusiera a su nombre. Se metió en casa a los monstruitos de los hijos, les hizo de padre, amuebló el piso a sus expensas... y cuando se les rompió el amor de tanto usarlo, se presentó el ex, se reconcilió con la fulana, y con toda la ley de su parte la echaron y se quedaron con la casa.

Arturo pagó su gin-tónic y pidió otro.

—Y yo la recibí encantado en la mía —concluyó—: por la vieja amistad, por los viejos tiempos... ¡A fin de cuentas, es la mujer con la que mi madre quería casarme!

Nadie le animó a seguir: la historia de las campanas rajadas de boda entre Arturo y la Teniente Ripley era algo que a nadie le apetecía volver a oír. Lo que querían era saber de David: eso sí era una bonita historia fresca a la que hincar el diente.

—¿Dónde está ahora tu bomboncito de licor? —preguntó la Patata.

—Pues por ahí, de marcha con sus amigos, rellenándose de más licor, supongo. —dijo Arturo.

—¡Aaaaah, duraréis...; sábado por la noche y cada uno por su lado!

—Hace dos meses que ninguno de los dos sale por la noche. —se resignó a explicar Arturo— Hemos pasado en casa todos los fines de semana. Hay que dar carrete a las parejas, y a mí no me apetece meterme con él en una nave espacial llena de lucecitas, música marciana y cuerpos Danone con más pastillas dentro que una farmacia. Y donde estamos, no creo que sea lugar para él: le deprimiría.

—¿Deprimirle el «Palladio»? —se sorprendió Baby Jane— ¿Por qué? ¡Es el local gay más chic y con más solera!

—¡Por favor, Niña Juana, mira a tu alrededor: nosotros lo alegramos, con eso está todo dicho!

Baby Jane paseó la vista por el lugar: por su ambientación decadente; sus columnas de yeso de capitel corintio; su réplica en escayola del David de Miguel Ángel con el pene de Nacho Vidal; su pintura mural a medio camino entre el *art decó* y el arte minoico; sus espejos que multiplicaban la fealdad pareciendo deformar, y sin hacerlo, que es peor.... La clientela estaba a tono: una colección de odres viejos, puñados de arrugas a los que sólo la tenue luz impedía deshacerse en cenizas y salir arremolinadas por debajo de la puerta. Y en los bancos que rodeaban las paredes, como jóvenes buitres atraídos al olor de la carne rancia, los vendedores de las propias carnes frescas: algunos, auto-exportados desde esa gran multinacional cárnica que se expande entre Río Grande y Tierra del Fuego; otros, llegados directamente de saltar los cascotes del antiguo telón de acero; y otros, en fin, acabando de convalidar el máster en postura pasiva que supone practicar la *zalá* cinco veces al día. Todos, adoptando ingenuas muecas de vicio y posando como para una sesión de fotos eróticas.

Baby Jane se encogió de hombros: no veía nada deprimente por ningún lado.

La Patata, en cambio, asintió.

—Sí, supongo que ser el único aquí, descontándome a mí, que mea de un tirón sin echar la próstata y no cobra por follar, le haría sentir raro. Pero podrías llevarlo a otro sitio. O, yo qué sé... quedar todos a cenar en tu casa, en la mía o en un restaurante. Lleváis tres meses y no le has presentado a la familia.

—Sí lo he hecho. —dijo Arturo, con un escalofrío.

—Sí, pero a la de sangre, que es tan inevitable como la calvicie. Hablo de la otra, la de tu elección. ¡Nosotras!

—¿De mi elección? —rió Arturo— ¡Por favor! ¿Piensas que si hubiera podido elegir os hubiera elegido?

—No, imagino que ni muerta; ni nosotras a ti, pero es igual. ¡El mal está hecho, y no encontrarás otras que te aguanten! Ahora nos lo debes presentar. ¡No hay más remedio!

—¡Nunca en la vida!

—¿Por qué?

—Le asustaríais.

—¡Oye —intervino la Sara, con un mohín—, que tan feas no somos!

—Permitidme ser cruel... —dijo Arturo.

—Vas a serlo, lo permitamos o no. —suspiró la Patata.

—Poneos en la piel de un chico de veinte años... —empezó Arturo. Baby Jane palmoteó.

—¡Dámela, que me la pongo!

—De tu talla no hay. Y ahora —continuó Arturo, ignorando la interrupción—; imaginaos rodeados de viejas locazas que se pasan la noche del sábado dejándose las plumas esparcidas en el mostrador de un bar cutre, hablando en femenino y mirando de reojo a los chaperos mientras lamentan haberse gastado en cremas y tintes todo el presupuesto.

—Has sido cruel. ¡Sabíamos que podías! —aplaudió con desgana la Patata— ¿Y concretamente cuál de todas esas cosas molestaría a tu Romeo? ¿Nuestra decrepitud, o acaso que hablemos en femenino?

—Pues eso lo hacemos demasiado a menudo, ahora que lo mencionas. —respondió Arturo— Nos sale demasiado natural. El otro día, en el claustro, le solté un «¡chica!» al decano y se me quedó mirando con ojos como platos.

—Bien, pues preséntanos a tu marido, y seremos todos machos.

—No podéis.

—¡Que si, mari!

—Que no...

—¡Que sí, tontina!

—¡Que no! ¿No veis que no?

—¡Ay, nena, es que no hace falta que sea ahora! ¡Ya haremos la macha cuando nos lo presentes! Mira, estaremos toda la semana ensayando cómo colocarnos los huevos, así, a lo mascachapas: ¿verdad, chicas?

—¡Siiiiiii!— dijeron todas, y así lo hicieron, resultando tan viriles como una *stripped* restregándose en una barra americana.

Los chaperos les miraban con la hosquedad con que miran los niños en un cumpleaños a unos payasos sin gracia: con esa gente no harían caja hoy.

—¡Ésa es la clase de cosas que no quiero que David vea! —dijo Arturo, desesperado.

—¡Anda ya, Teleindiscreta! —la Patata le palmoteó en la espalda— ¿A ver si te crees que él con sus amigos no suelta la pluma?

—Y sin sus amigos, también. —terció Baby Jane— Porque, a qué nos vamos a engañar, la pluma la trae de fábrica. ¡A ti te ciega el amor, pero tu Romeo es una Julieta que se ha caído del balcón!

—Yo le visto por la calle y, vamos, sólo le falta el bolso. —interviene Sara.

—¿Y cómo cruzaba las piernas en el programa de Fabrizia? ¡Parecía Sharon Stone a punto de enseñar el potorro! —añadió Perdita, que hasta entonces no había abierto la boca.

—Mariposilla, sí que es... —apostilló Cruella con el mohín desdeñoso de una Venus Papamoscas.

Arturo dejó el vaso en el mostrador lentamente, se volvió y se encaró a ellos: firme, con las piernas separadas y la mirada de una Doris Day travestida en John Wayne y a punto de poner patas arriba el *Saloon* a bolsazos.

—David no tiene pluma. —dijo muy despacio, con el tono que reservaba para el suspenso general. Y, al igual que sus alumnos, reaccionaron asintiendo a cabezadas.

—David es un machote. —dijo Sara.

—Un minero. —añadió Baby Jane.

—Huele a sudor viril. —remata la Patata aspirando con deleite— ¡Umm!...

—Vuelve el hombre. —asintió Cruella. Y añadió Perdita:

—¡No sé cómo ese hombretón te pone el culo!

Arturo quedó silencioso, dándole vueltas al vaso.

—Porque, vamos… ¿te pone el culo, no? —indagó la Patata, venteando presa.

Arturo no contestó. Dio un suspiro.

—Esta es la clásica conversación de maricones —comentó al fin—: ¡siempre dándole vueltas a quién pone el culo a quién!

—Arturo, mírame a los ojos. —dijo la Patata, solemne— ¿Te lo pone o no te lo pone? Sabes que esto para mí es vital. ¡Dímelo, o no duermo esta noche!

—Eres una cotilla.

—¡Lo sé! No quiero serlo, pero es superior a mí. Y mi psicoanalista me dice que no me reprima, porque si dejo de cotillear a las amigas puedo acabar cotilleando a gente respetable… y luego me dice: «¡quita, bicho, deja de revolverme el fichero de pacientes!». Así, que al grano: ¿Te lo pone, si o no?

—No mucho… al principio, alguna vez. Pero no le gusta.

—¿No le gusta? —se escandalizó la Patata— ¿Con ese culo … y no le gusta? ¡Su madre no le educó bien! —apuró el gin-tónic, indignado, y pidió otro. Reflexionó—: ¿Y entonces, a qué os dedicáis?

—Se pueden hacer otras cosas, ya sabes…

Arturo bebió en silencio, intentando que ese silencio pusiera un fundido en negro y se pasara a otra escena: pero al dejar el vaso sobre el mostrador vio diez ojos pendientes de sus labios, y comprendió que esta película era de un único e interminable plano-secuencia, como «La Soga», de Hitchcock. Y apretaba el cuello igual.

—¿Os parece de verdad un tema para tratar en público?

—Y de lo más apetitoso. —asintió la Patata.

—El público lo pide. —dijo Baby Jane.

—Y te debes a él. —añadió Sara.

Arturo siguió en silencio. La Patata sondeó.

—¿Lleváis dos meses a base de bollos?

Silencio.

—¡Chicas —anunció entonces la Patata, dando una palmada al mostrador y dibujando un arco con el brazo hasta señalarlo con ademán de presentador cirquense—: la Teleindiscreta se nos ha vuelto pasiva!

—¿Otra más? —se indignó Baby Jane, que siempre quiso ser la única.

—¿Queréis callaros? —rezongó Arturo, abochornado. Miró de reojo a su alrededor; hasta los chaperos parecían interesados. Total, no había trabajo...

—Yo siempre he sido... ¿cómo se dice ahora? Ah, sí... ¡versátil! Yo siempre me he adaptado.

—¡Arturo... —protestó la Patata— a cierta edad ya sólo te adaptas a una sonda uretral o a una dentadura nueva! El resto es tontería que lo intentes.

—¡Y vicio! —apostilló Baby Jane, aún indignada.

—Además, Arturo, que te llevamos la cuenta... —añade Sara— Desde aquél senegalés de agosto del 93 que te dejó para el arrastre, echaste el candado a tu culo y tiraste la llave.

—¡Yo he sido pasivo muchos años y lo he disfrutado a tope! —protestó Arturo.

—¡Tú eras joven e inexperta y pensabas que alguien tenía que sacrificarse —puntualizó la Patata—; hasta que descubriste que había gente con tantísimo espíritu de sacrificio como Baby Jane!

—¡Servidora! —dijo la interpelada señalándose orgullosa con el dedo.

—Pero vamos, que a estas alturas y con tu mili a cuestas empieces otra vez a rebozarte el agujero de lubricante ... os doy dos días más.

—Pues disfruto. ¡Y vale ya de hablar del tema!

—¡Esas cosas me indignan! —exclamó Baby Jane— ¿A qué jugamos? Un activo dejándose follar es... indecente. Y las pasivas de verdad, llevándose a la cama moñas que se dan la vuelta. El otro día uno que parecía muy macho me dice de repente poniendo el culo en pompa: «¡Dame fuerte y hazme gritar de placer!». Y le dí. ¡Menudo patadón le dí! ¡Y anda que no gritó ni nada! Le dije: «¡El placer es mío!», mientras salía por la puerta a medio vestir.

Perdita aún se había quedado digiriendo la noticia.

—¿Entonces, el niño que cruza las piernas como Sharon Stone... te folla?

—¡Dejadle en paz! —dijo la Patata— No, en serio, Arturo, te voy entendiendo. A vosotros más que el sexo os unen los intereses compartidos.

Arturo apoyó ambos codos sobre el mostrador, sujetando en alto el gin-tónic. Su silencio fue más largo de lo normal.

—No tenemos de eso —dijo al fin— No le interesa nada. Fuera de la ropa, quiero decir. Bueno, y la música ratonera. Que no me atrevo a decir si es bacalao, máquina, techno, o qué otra cosa se habrán inventado ahora, pero a mí me suena toda a chim-pum, chim-pum. La verdad... la verdad es que nos entendemos poco. Tengo un poco de miedo, Patata. Esto no durará, y no quiero enamorarme.

—Pues me parece que has hecho tarde.

—Eso me temo. Así que cuando llegue el final de la historia espero que estéis para consolarme y no para hacerme gracietas idiotas. ¡Que sepáis que lo pasaré mal: de hecho, ya lo estoy pasando mal!

Apuró el vaso y se quedó mirándolo, pobrecito, tan vacío y solo, con sus dos hielitos casi fundidos dentro. Continuó:

—Cada vez que llego a casa y veo un *pósit* en la nevera, digo: ¡ya está, ahí pone que ya me ha dejado! Luego leo y sólo dice: «comprar yogurt».

—Yogurt... ¡qué mono! —murmuró Baby Jane—: será para lubricarte el culo.

—Pues me han comentado que ha vuelto a estudiar, y que le estás pagando los estudios. —comentó Sara.

—Sí— dijo Arturo—, conseguí convencerlo. Está claro que la Historia no le interesa nada, así que se ha matriculado en informática. Aunque también hay que leer libros para eso: no sé si acabará el año.

Dudó entre pagar ya todas las consumiciones que había hecho o pedir la última copa. Decidió pedirla.

—Pero no es verdad que le esté pagando yo los estudios. Quizás le ayude un poco en material, en libros... pero la matrícula se la paga su padre.

—¿Y cómo te llevas con tu suegro?

—Ah, muy bien; él en su casa y yo en la mía. De vez en cuando me regala embutido: «Tenga una longaniza, que sé que le gusta». Que no sé si es indirecta, porque yo de este hombre no sé qué pensar.

—¿Y tu amiga la bollo?

—¡Menuda ilusión tiene! Está hecha una padraza: lo querría adoptar. Tiene más interés que yo en que estudie. Y David le ha enseñado a ligar por Internet. Tú sabes que a Carmen, todo lo que se ha inventado desde el Paleolítico acá, como que no le gusta: sólo el cine, y cuando sale Sigourney Weaver dándole hostias a un alien. ¡Pero ahora le está muy agradecida a David porque le ha mostrado cómo utilizar un cacharro dentro del cual resulta que hay bolleras con ganas de marcha, y no sólo el Word y el Excel como ella creía hasta ahora: contentísima está de ver lo que está ahorrando en copas y en horas de sueño! Y mientras ella chatea y David estudia, yo escribo mi nuevo libro.

—Ah, tu nuevo libro, sí, claro... —dijo la Patata, enterada. Reflexionó. No estaba tan enterada—. ¿Es que habías escrito otros?

—He escrito muchos —protestó Arturo, y enumeró—: «Los procesos holítisticos de resiliencia en el desarrollo de identidades autorreferenciadas en colectivos LGBT en tiempos de Torquemada», por ejemplo. Es mi tesis doctoral, y fue muy celebrada por el tribunal, según me comentaron sus miembros en Malqueda, adonde los llevé luego de copas. Luego uno que te gustaría porque llevaba fotos: «Metalenguaje y construcción visual: genitales masculinos en la pintura barroca». Se llevó el premio del ayuntamiento de mi pueblo al mejor ensayo, y fue publicado con cargo a las arcas del municipio, como un anexo especial al programa de fiestas. Lo prologó la Clavariesa Mayor de Santa Pulcra. Y también tengo una «Introducción a la Historia Moderna», que lleva años siendo *best-seller* entre mis alumnos de primer curso. Al que lo veo fotocopiándolo le suspendo: la SGAE no tiene ninguna lección que darme.

—Apasionante; ¿cómo se me pudieron escapar los lanzamientos? ¡Habría estampidas cuando firmaste en la feria del libro!; ¿no? Y yo sin un mal ejemplar dedicado...

—Están descatalogados todos, menos el manual de Historia Moderna, que se reedita todos los años con apéndices nuevos, para que no valga el del año anterior y se rasquen el bolsillo. Pero en fin, si te interesan los otros, te los pueden fotocopiar a buen precio en la facultad, porque no eres alumno mío.

—En cuanto me acabe la copa, me voy corriendo a ello.

—El sábado noche no abren, pero ve el lunes. Les diré que te hagan precio de vieja amiga. O sea, mucho más caro.

Empezaba a notársele la lengua un tanto pastosa mientras hablaba.

—En cuanto a este libro que estoy escribiendo ahora, es distinto; se trata de una novela. Una novela histórica, basada en un caso real que sucedió a finales del siglo XVI, un proceso de sodomía cuyas actas he estado revisando en los archivos del episcopado. Narra la historia de amor entre un maduro aristócrata, el Conde Rosendo de Bujarra, Gran Maestre de la Orden de Sodoma, que se amancebó con un joven paje de veinte años y ojos verdes...

—Interesante historia. ¡Y original! A ver si adivino el final: ¿acaban por casualidad en la última página cogidos de la mano y caminando hacia el sol poniente mientras el lector se anega en lágrimas?

—Estamos en el siglo XVI: los condenan a la hoguera.

—¡Impactante! Si describes bien la escena y arden bien, tendrá mucho éxito. Yo... casi me esperaré a que hagan la película, que con el maquillaje y los efectos especiales de ahora, le pueden sacar partido.

—Pero sólo el viejo conde muere; el paje huirá a uña de caballo salvado por un apuesto guardia real que le rescatará a los pies mismos de la pira tras luchar a brazo partido con el Inquisidor General, tras lo cual se lo llevará en la grupa, agarrado a su cintura a la sombra de los pinos. Entonces, cuando el viejo Rosendo de Bujarra, atado al poste encima del montón de leña vea acercarse la tea que va a consumirlo, sin unos ojos verdes que le consuelen con una mirada de despedida...

—siguió Arturo, con lengua espesa y ojos acuosos—, seco por dentro, con lo que arderá mejor... entonces todos sus amigos maricones que le rodean le mirarán y se reirán... y gritarán: ¡Arde, bruja, arde!...

La Patata le quitó dulcemente el vaso.

—No bebas más. —le dijo con voz de madre. De madre superiora.

Ya en la calle, y en busca de otro garito en donde acabar la ronda, Arturo vio brillar sobre los tejados la faz, de nuevo redonda, de la Luna. Había recuperado su poder y susurraba: *"Anything goes..."* Y Arturo preguntó, dirigiéndose a la Patata por su verdadero nombre:

—¿A ti qué te dice la luna, José?

—¿A mí? A mí me dice: «Vergüenza me da, que siempre te tenga que encontrar haciendo la calle... a casa a dormirla, borracha».

—A mí también me dice eso a veces —concedió Arturo—; sobre todo a partir de las seis de la mañana. Pero, en horas como ésta, la Luna esparce su hechizo entre quienes saben verlo y oírlo. Tú no sabes, porque eres como tu apodo: una patata cocida y sin sal.

La Patata hizo un mohín de enfado.

—¡Ese mote me lo puso la Carrá! Ya sabes, hace años, cuando era princesita antes de volverse madrastra, me tocó a mí ser el príncipe de sus sueños, pero como las mallas azules no me sentaban bien no me las quise poner: con lo que empezó a pregonar eso que has dicho, que yo era una patata cocida y sin sal en cuanto a sentimientos, y tanto lo repitió la muy cansina que con el mote de Patata me quedé hasta la fecha. ¡Sin que nadie se acuerde ya del porqué! Si al menos me hubiera llamado «Nabo», que es tubérculo igual, pero con connotaciones más interesantes...

—La verdad es que la Carrá ha bautizado a varias generaciones del ambiente. — reflexionó Arturo.

—A todos los que se ha tirado en este siglo y el pasado, o sea a todos los maricones que aún respiran y a unos cuantos que ya no; salvo a los pasivos, y de ellos sólo los que lo son sin ninguna duda. ¡A los que se les pongan a dudar cerca, los activa en un santiamén!

En ese momento sonó el móvil de Arturo. Miró la pantalla con extrañeza.

—¿Qué coño...? —empezó a decir. Descolgó.

—Ah, hola, Gerson. Eh... ¡no, no soy David, soy Arturo —dijo, mirando a la Patata con azoramiento—; no, es que se ve que nos habremos confundido! ¡Sí, está en el sitio ése donde vais... «Anhelo 69»: hijo, es que le ponen unos nombres a las discotecas!... ¡Bueno, si quieres le llamas a mi móvil, que lo debe de llevar él encima! —le dio el número. La Patata le miró sin comprender.

—¿Gerson?

—Sí, es un nombre bíblico. Un hijo de Moisés, creo.

—¿Y por qué te ha llamado? ¿Ha salido algún otro mandamiento?

—Ha querido llamar a David, no a mí. Lo que pasa es que yo he cogido sin querer su móvil: lo más probable es que el mío lo lleve él, porque es el mismo modelo y nos habremos despistado.

—A mí tú no me la das; ¡se lo coges para controlarlo!

—O puede que él a mí.

—¡Arturo, por favor que hablas conmigo! ¿Qué interés tiene tu móvil? ¡A ti el único que te puede estar llamando a estas horas es la

Carrá; las demás estamos aquí y no hay más gente viva en tu agenda!

—Puso mirada torva—: y hablando de agendas…

—No. ¡Ni se te ocurra! ¡No voy a mirársela!

—No pretendo que lo hagas, porque sé que ya lo has hecho. Quiero que me dejes hacerlo a mí…, sólo para ver si es más nutrida que la mía.

—¡Que no!

—¡Dame! —dijo la Patata, forcejeando— ¡Necesito saberlo! ¡Lo dice mi psiquiatra, es para mi autoestima!

—¡Suelta, víbora!

—¡Arturo, que estamos dando la nota, en plena calle: que llamo a un guardia y digo que me lo has robado! ¡Arturo! ¡Tengamos la fiesta en paz!

—¡Que me dejes!

La Patata se lo quitó de un manotazo. Empezó a mirar:

—¡Uuuuuuy, cuánta gente en la A!… ¡empieza por Adán! Esto no se acaba nunca. ¡Y Arturos tiene lo menos siete! Arturo-chat, Arturo-playa… A ver… Arturo-Pollón hay dos, numerados. ¿Tú cual serás, el Uno o el Dos? ¿O ninguno?

—¡Dame! —Se lo quitó de un manotazo y lo apagó. Pero no pudo primero evitar echar una ojeada: el único Arturo era él. Se sintió mal por dudarlo.

—¡Qué desconfiado eres: lo has mirado, que te he visto! Pero este niño es listo, debe tener otro móvil secreto donde guarda toda su colección de Arturos. ¡A mí me la va a dar!…

Siguieron andando en silencio; un tanto rezagados del grupo, mientras Baby Jane, varios pasos delante, esparcía más plumas que un matadero de pollos. Le estaba contando algún chisme a Perdita, que asentía bonachona mientras Cruella caminaba un poco despegada, altiva como una gárgola encaramada a una cucaña. Sara, mientras, sorteaba con mucho arte la luz de las farolas.

—José... —dijo Arturo de pronto, llamándole por su verdadero nombre— ¿Tú qué harías si alguien te dijera las mismas cosas que se dicen en las canciones? Por ejemplo, si tú me dices ven, lo dejo todo; o sin ti no soy nada; o lo que yo quiero, corazón cobarde, es que mueras por mí; o que se me paren los pulsos si te dejo de querer...

—¿Y ojos, verdes, verdes como la albahaca, verdes como el trigo verde y el verde, verde limón?

—Sí, bueno... eso también.

—¿Qué quieres qué haga? Salir corriendo a tomar el primer vuelo a Lima. O a Limón.

—¡Patata cocida, al fin! —suspiró Arturo— ¿Y tus sentimientos?

—¿El repelús puntúa en esa categoría?

Arturo seguía rumiando un pensamiento, mientras José le miraba divertido.

—¿No hay ningún hombre que te haya dejado huella? —insistió Arturo.

—Pues no, porque les hago descalzarse y ponerse gamuzas. ¡Bueno soy yo!

—¿Ni el primero? Dicen que ése siempre se recuerda.

La Patata empezó a repasar el archivo de su memoria: y era amplio.

—Bueno, sí... Ése tal vez. Algo. En el primero siempre hay algo de todos los que vienen luego.

—¿Y quién fue?

—Pues uno. ¡Y a ti qué te importa!

Arturo asintió.

—El mío ni siquiera fue un hombre. Fue... una silueta.

—¿Eh? —dijo la Patata, distraída: por un momento había pensado en una marca de pan tostado.

—No llegué a verle ni la cara. Fue en una sauna, una que ya no existe. Yo acababa de cumplir los diecisiete años y estaba... bueno, ya sabes cómo se está siempre a los diecisiete años.

La Patata asintió.

—A esa edad los perros te huelen las hormonas antes de doblar la esquina, y luego salen disparados, aullando y encogiendo el culo.

—Pues así estaba yo. Había dado la vuelta mil veces a esa manzana, pasando de largo cada vez, hasta llamar la atención de todo el mundo; y me acababa de tomar dos coñacs en un bar cercano, para poder decidirme a entrar, cosa que acabé haciendo después de mirar a ambos lados de la calle. Y una vez allí, después de pasearme muerto de vergüenza, entre chulazos endiosados y viejos demasiado obsequiosos, con una toalla enrollada en mi cuerpo escuálido de adolescente, entré al fin en el baño turco. No se veía nada, estaba húmedo y caliente. Caían del techo gotas que ardían como si estuviéramos en el séptimo círculo del infierno, allí donde Dante mandó a los sodomitas. Y notaba moverse bultos indistinguibles, que me daban miedo. Me senté en un banco, y cuando mis ojos se acostumbraron a la oscuridad...

—Viste a la silueta...

—Justo, la silueta. Sentado a mi lado, casi tocándome. Una silueta bien hecha, viril, de hombros anchos...

—¿Y polla cómo?

—Estaba oscuro, y él frente a mí —continuó Arturo, ignorando la interrupción—: me decidí, o me decidió el coñac, a estirar el pie hasta rozar el suyo. Y de ahí... vino todo lo demás, sin hablarnos, sin nombres ni rostros; sólo dos cuerpos jadeantes, puro tacto en la oscuridad mientras caían sobre nosotros esas gotas ardientes como el fuego.

—¿Y no trataste de imaginarte su cara?

—No.

—¿No? ¿Seguro que no le pusiste la cara de nadie? ¿De un amigo, de un compañero de clase? O, yo qué sé... ¿de un cantante, de un actor?

—Que no.

—¡Yo creo que sí! ¿En quién pensaste? —La Patata reflexionó y su cara se iluminó—: ¿En ese Amando con el que hacías manitas en el río a los quince años?

—¡Noooo! —respondió Arturo, irritado— ¡Y no comentes eso delante de esas locas: creo que cuando bebo hablo demasiado!

—¡Anda que no: era Amando, claro! —exclama la Patata con el tono de quien acaba de contestar la pregunta del millón y aún no se lo cree— ¡Amando, te estoy amando; te estoy Amando locamente! —cantó— ¡El marido de esa Amy! ¡Claro, qué tonta soy: pensaste en el tío por el que estuviste años colgadísimo! ¡Qué fuerte me parece: tu primer polvo se lo dedicaste al marido de una amiga!

—Entonces aún no era su marido. —rezongó Arturo, harto de dar explicaciones, y mirando con aprensión a las cuatro pécoras de delante por si oían algo: pero Baby Jane seguía gesticulando sin parar, Perdita escuchándola con cortesía, y Cruella parecía concentrada en preparar mentalmente la zurra que le iba a dar esa noche; en cuanto a Sara, de tanto huir de la luz no se la veía, metida como estaría en algún portal y tomando carrerilla para correr hasta alcanzar el siguiente.

—Te recuerdo que lo que te cuento era cuando tenía dieciséis años; y cuando hice manitas con Amando, aún menos: sólo quince.

—¿Hicisteis manitas y luego se volvió hétero? No lo vayas diciendo por ahí, te hunde el currículum.

—Sólo te lo he dicho a ti, y creo que ha sido a demasiados. ¡Oye! —preguntó con aprensión—: ¿qué más cosas te he contado?

—¡Todas, Arturo, todas; si tú no sabes beber! ¡Qué fuerte, tía —repitió con una risita—: follar pensando en el marido de una amiga! ¿Sabe esa historieta David?

—¿Saber —se encogió Arturo de hombros, afectando indiferencia— ¿Qué tiene que saber, que una vez tuve quince años? Ya lo sabe.

—No creas. —respondió la Patata— Para esos niños hemos nacido cuarentones. Y creen que ellos morirán veinteañeros.

Reflexionó en lo que acababa de decir y añadió:

—Y alguno habrá que acierte, claro...

La música atronaba en la pista de baile de la discoteca «Anhelo 69», y entre luces zigzagueantes, un montón de jovencillos de ropa ajustada se hablaban a gritos, y David en medio de ellos:

—¿Y dónde te has dejado a tu maridito esta noche?

—¡Ha salido con sus amigos!

—¡Ah, qué bien!

—¿Porqué no le traes y que le veamos? —le gritó al oído Gerson, un chico alto y espigado, con una gran nariz, al que apodaban «Barbarita» por Bárbara Streissand. Cada vez que chateaba con la *webcam*, cuando le preguntaban centímetros de polla, respondía poniéndose de perfil: «¡calcula!», y nunca fallaba: lo adoraban como a un dios.

—¡A él no le gustaría esto! —responde David, haciendo un gesto que lo abarcaba todo.

—¿Qué pasa, que es uno de esos plastas a los que no gusta el ambiente?

—¡No, no le gusta: sus amigos están en otra onda; son gente mayor, de carrera!...

—¡Esa gente puede ser tan loca como la que más!

En ese momento se acercó Gabi con una cerveza en la mano, y saludó a todos menos a David: todos tuvieron muy claro que el único motivo por el que se había arrimado era para negarle el saludo. Tras quedarse un rato, se alejó de nuevo.

—¡Cómo eres! —dijo Gerson a David, entre la burla y el reproche— ¡Ni saludas ni nada!

—¿Qué iba a saludar, su cogote?

—Bueno, es la parte de él que más conoces, me han dicho...

—¡Ya le saludé el otro día y pasó de mí como de la mierda! —respondió David, obviando el comentario— Y después, el otro día, cuando Arturo nos presentó...

—¿Os presentó tu marido? —recalcó Barbarita, para que los otros lo oyeran; y lo oyeron. Y se acercaron a atender.

—¡Si, por lo visto ahora el que es alumno suyo es él! —siguió contando David, un tanto molesto— Estaban hablando, llego yo, y Arturo me dice: ¿Conocerás a Gabi, no? Y yo digo que sí, que le conozco, y él va y contesta que él a mí no.

—Normal... —dijo Barbarita— Tú también pasaste de él después de desvirgarle.

—¡Oye, un momento: no creo que le desvirgara!

—Emocionalmente sí, porque él era muy frío y ahora se ha colgado de ti como una perra.

—¿Es verdad que os lo montasteis en su casa? —preguntó la Britney.

David asintió.

—¿Y es verdad que vive en un convento de monjas?

—¿Quién os ha contado eso? —los ojos verdes de David quisieron fulminar a Gerson, pero éste era un dios del chat, y a los dioses no hay quien les fulmine.

—Ya lo sabe hasta el portero de la disco, así que puedes contarlo. —insistió la Britney

—¡Eso! —intervino Tesorito, el mexicano— Cuenta, cuenta.

—Pues... —empezó a contar David de mala gana— según parece su padre es de alguna secta, de esos que van con megáfonos por ahí diciendo que Dios te ama si no follas... y el obispo les ha dado permiso para vivir en un antiguo convento, pero que no hay monjas allí ni nada.

—¿Y cómo era su cuarto? —insiste Britney.

—Pues... nada, una celda, creo que me dijo que se llamaba: con un camastro y una virgen en la cabecera, así, bizca, con las cejas juntas... Creo que me dijo que era un icono, pero cuando le pregunté si al pincharlo se desplegaba una pantalla, le dio la risa.

—Bizantino. ¡Sería un icono bizantino!— dijo Gerson, que era culto.

—Pues sería eso. Y a los pies, un tapiz de un santo o santa, no estoy seguro, con unas llagas asquerosas bordadas con hilo rojo que casi vomito al verlo. ¡Porque iba yo muy caliente, que si no, me lo follo mañana!...

Todo eso lo había dicho gritando por encima de la música, gesticulando y señalando, imaginaos a la virgen cejijunta allá en la barra, y allá, donde están las bebidas, al santo ese de las llagas bordadas... y los demás siguen sus gestos.

—¡Ostras, qué fuerte! —ríen todos.

A David se le estaba empezando a notar el disgusto. Barbarita intervino:

—Me parece que ya no duerme allí. Se ha independizado, y ahora vive de inquilino. ¿Y sabéis en casa de quién? En casa del camarero ése viejo de «Malkeda», el de la melena platino.

—¿La Carrá?

—La misma. —confirmó Barbarita. Se lanzaron miradas que parecían decir: «¡Vaya notición!».

—Con ésa seguro que se espabila... — dijo uno.

—¡No mames! —dijo el mexicano— ¡Lo va a devorar!

—No van a hacer nada. —rió Britney— Como mucho, ventosa: culo con culo, comida de tontas. Porque la Gabilonda es pasiva, ¿no? —inquirió, encarándose con David.

—Te diré... —farfulló éste.

—Pues eso quiero, que me digas.

—Conmigo, sí. —respondió.

83

—¡Y con cualquiera, cuate, no hay más que verla! —dijo el mexicano— Qué mala onda, gueys, dos pasivas en una casa, y las dos güeras, digo, rubias… se jalarán del pelo.

—La Gabilonda es más bien pelirroja, y la Carrá es de bote —dijo Britney, que era rubia natural y defendía lo suyo—: no hay peligro.

—¡La cogerá celos y la echará por el balcón!— insistió Tesorito.

—¿La vieja, celosa? Imposible. ¡Cómo va a ser! La que sí cogerá celos será la pobre Gabilonda, viendo el desfile en el dormitorio de la otra, y ella dándoles cita y apuntándoles la hora en una agendita muy mona encuadernada en piel.

El choteo era general, y la imagen de la Carrá recibiendo en su dormitorio con un salto de cama de satén mientras Gabi daba cita sentado tras una mesita de despacho en el pasillo, fue muy celebrada por todo el corrillo.

—Bueno; ¿y esas dos de qué se conocen? Porque no frecuentan los mismos círculos.

—Pues agárrate; ¡de un anuncio! —dijo la Britney— La Carrá lo colgó en el tablón de la sede del Colectivo de Gays y Lesbianas buscando compañero de piso, para compartir las cargas… es de suponer que no las descargas.

—¿Y qué hacía la Gabilonda en el colectivo?

—Calla, que te cuento, que es gracioso —continuó la Britney, que era la secretaria del citado colectivo, cargo que ostentaba como una diadema en su rubio pelo—; pero mejor salimos fuera, que aquí la música atruena.

Abandonaron, pues, la pista, y salieron a otro ambiente, con música más tranquila, donde se hallaba una segunda barra. A un lado estaba el guardarropa, y enfrente los baños, donde trapicheaban los camellos y se formaban corrillos para empolvarse la nariz. A otro lado, tras una cortina, hacía las veces de cuarto oscuro un pasillo muy transitado por donde se dejaban caer todos a determinada hora.

—Resulta —empezó a contar Britney—, que ese día había una manifestación por el matrimonio, la adopción, o una gaita de esas.

—¡No creo! Desde el dos mil cuatro que ya podemos casarnos y adoptar.

—¡Bueno, pues yo que sé, sería por el derecho de los gays al aborto! —dijo la Britney, cuya implicación en la organización de la que era secretaria parecía dejar algo que desear. «¡Ésta está ahí solamente para recibir a la carne fresca!», pensó más de uno.

—Bueno, pues el caso es que en la sede —siguió contando la Britney— sólo quedaba yo limándome las uñas, cuando viene la Gabilonda con el rollo de que quería apuntarse. Y me suelta que quería hacer algo con su vida, dejar de ser frívola y vacía, y volverse activista y solidaria: ¡la pobre, mira que está mal!

—¿Mal porqué? Tú eres activista a la par que rubia. ¿no? —apostilló Gerson.

—¿Yo?... sí, claro. —dijo Britney tras pensar— Bueno, pues me cuenta que había estado pensando en apuntarse a Greenpeace para salvar focas, o si no, al colectivo a salvar maricas. Y como él es marica pero no foca (que todo se andará) parece que nosotras le tocábamos más la fibra. No lo dijo así, pero es la esencia. Entonces le digo: ¡pues mira, si quieres ir haciendo algo ya, coge esa pancarta que se han dejado olvidada los de la manifestación y se la llevas! Y el resto, que lo cuente la Tesorito.

—¡Ah, sí, órale!... —evoca el mejicano, que no puede esconder su raigambre azteca, la cual resalta con tales abalorios que sólo le falta colgarse del cuello la Piedra del Sol para llevar a cuestas toda el Museo Nacional de Antropología de México— Yo estaba allí, güeys, en la mismita puerta de la basílica de la Virgen de los Descamisados, donde nos juntamos a armar el quilombo toda la bola de montoneros, llamando pendejo al Papa y gritando ¡que vivan los condones!

«Ah, de eso iba», pensó la Britney. Tomó nota por si le volvían a preguntar.

—Y la Virgen debía estar de buena onda con nosotros, porque la Doña, para ser de los Descamisados, viste como una drag, y su chavito es medio joto, o sea gay, que lleva falda y enaguas con muchas randas y puntillitas. —siguió diciendo el mexicano— Estaba la prensa, la policía y las beatonas saliendo de misa. A mí casi se me agarra una vieja a madrazos, por llevar una pancarta con una foto del Papa y un letrero que decía «También en el Vaticano se la meten por el ano». Y me dijo: «¡Si fuera Franco te fusilaba!». Entonces yo le contesté: «¡Y si yo fuera Hitler, la gaseaba! Pero como nomás somos una vieja huevona y un joto inmigrante, pues vamos a respetarnos, comadre».

—¡No le dijiste eso!

—No, cuate, pero lo pensé media horita pasada, que los aztecas pensamos a nuestro ritmo ancestral y milenario. Total, que la Gabriela fué con su pancarta enrollada y se la dió al primer culey que vio, que la agarró por una pata y la desenrolló dejándole el otro palo en la mano... y ahí te ves a la Gabriela ante la escalinata de la basílica sosteniendo de un extremo un lienzo que decía; «Segunda Anunciación: El Palomo Santo anuncia que usó condón, que el Niño es de otro». ¡Más chula que María Félix; delante de la prensa, el hatajo de beatas y un grupo de chavitos de comunión que se juntaron a leer como diciendo· ¡Órale, güeyo, esto no me lo dijeron en la catequesis!!... Y en eso que el obispo y los canónigos del cabildo catedralicio en pleno salían de una misa solemne por no sé qué cosa, y la mitra le da un bote en la calva al obispo y la mira con cara de decir: «¡A los asadores del infierno vas a voltear con un espetón en el culo, so cundangona, que te lo ensarto aquí mismo a modo de pase urgente!». Ella parecía que se volvía sotaca.

—Respira un poco, y rebaja el colorido charro de tu discurso, que llevo con la lengua fuera al intérprete de la ONU que me han incrustado en el cerebro para entenderte. —dijo Britney.

—Quise decir que se volvía enana, que se achicaba; ¿sabes, gachupina? Miraba para otro lado como diciendo: «No, si no los conozco de nada, yo pasaba por aquí y me dijeron, sostén esto»... Y ¡flash, flash, fotos de frente, de lado y perfil, y portada del periódico! Al llegar al día siguiente,¡la chingada!... su padre, el de la secta, le recibió a la puerta del convento con un recorte de «La Voz de Dios» en la mano, a cuyo pie se leía: «Concentración no autorizada de homosexuales alterando el orden ante la Basílica de la Virgen de los Descamisados en día de solemne celebración».

—¡Eso es imparcialidad! —comentó Gerson— Y sin aclarar si habíais ido a copiarle el modelazo a la Virgen para el día del Orgullo o a robarle los cirios para vuestros usos perversos.

—¡Y la Gabilonda en medio de la foto, a toda portada, alta y pelirroja, destacando!— apuntilló la Britney.

Todos rieron.

—¡Anda, David, éste ha salido del armario en plan mediático, como tú; tú en la tele, y él en la prensa escrita!— dijo uno.

—Por la tarde, según me contó la propia Gabriela, el padre entró en su habitación —siguió la Britney, tomándole el testigo a la Tesorito— con el pretexto de traerle los calzoncillos limpios. Se le sentó en la cama y le dijo que comprendía que los chicos de ahora son muy solidarios con los negritos y los maricones, pero que eso de la solidaridad había que llevarlo con tiento para que no le confundieran: y que no se estaba refiriendo a que lo confundieran con un negrito, precisamente. Después se levantó y le dijo que él comprendía esas cosas, porque era muy moderno y muy de mundo: y que de tan moderno que era, y de tanto mundo como tenía, no le importaría tener un hijo negrito siempre que no tomara por costumbre salir en portada en la prensa, porque esa tirada en su pueblo ya se había agotado... Y, vamos; que si de animar la lectura se trataba, él prefería que en el pueblo leyeran el Marca como toda la vida, y que la próxima vez les dijera a esos pervertidos —nosotros— que la pancarta se la sostuviera su tía, esto es, la nuestra: porque debe pensar que, de puro promiscuos, la tenemos compartida. ¡Y se marchó, tan satisfecho de su mucho mundo y "modernez"!

David se sentía cada vez más embarazado. Barbarita lo notó, le cogió del brazo y le dijo:

—Vamos a pedir algo a la barra. —Se fueron pues, a la barra situada justo enfrente de los baños, un poco apartados de los otros. Era un observatorio perfecto para el chismorreo y la caza, con vistas a la cortina que daba al cuarto oscuro. Los demás volvieron a la pista de baile. Con sus bebidas en la mano, David y Gerson se apoyaron de espaldas a la barra, para ver bien.

—No mires hacia ahí, que tú estás casado. —dijo Gerson, viendo en David un excesivo interés por la cortina.

—¿Y qué? Miro para ver quién sale y entra. Lo casado no quita lo cotilla.

Al cabo de un rato añadió, como pensando en voz alta.

—Me molesta que se pasen con nosotros.

—¿Vosotros?

—Gabi y yo.

—¿Gabi y tú? —recalcó Gerson.

—No tenemos nada, ¿Vale? Follamos una vez y punto. Y ya sé que es borde, pero es buen tío.

—Me he dado cuenta.

—¿De qué?

—De que es borde, pero buen tío. Y de que te molesta que hablen de él, mal o bien.

—Demasiado buen tío es... —siguió diciendo David— ¡Con su panorama! La madre era una echadora de cartas que salía en la tele, hace unos años, no sé si te acordarás... Cuando yo tenía trece o así, una de las diversiones de la peña era hacerle llamadas falsas para descojonarnos: siempre picaba. Yo le llamé una vez con voz de falsete diciendo que mi novio me había dejado preñada, y me adivinó hasta el sexo de la criatura. ¡La tonta se debía creer de verdad que era bruja! Vivía separada del padre casi desde que tuvo al hijo, siempre liada con tíos raros, hasta que se murió hace un par de años... Entre las maricas viejas parece que tuvo su esplendor, en algún momento del pasado siglo. Y el padre, iba a su guitarrita y a sus chorradas.

—Pero Gabi vivía con su padre, ¿no?

—No. El es médico, y pasaba de ellos. Fundó una especie de ONG cristiana, y creo que se dedica a rehabilitar drogatas en plan altruista. A todo esto tiene plaza de médico de familia en la Sanidad Pública, pero está en excedencia, creo que le mantiene la ONG con lo justo para comer, o algo así. Y al hijo, mientras, que le den. Como no es drogata aún... Hasta que no murió la madre no se fue a vivir con él.

—¿Y la habitación donde estuvisteis, de quien era?

—¡Pues ríete: de la madre superiora! Según parece la ocupó primero el padre, que es el capo de la secta, y se la cedió luego al hijo. ¡Menudo detallito tuvo! Hasta la ropa de la superiora sigue en los armarios, que la he visto porque cierran mal, se abren de pronto y chirrían. ¡Que oírlo mientras follas da un gusto que ni te cuento!... Y allí se veían los hábitos colgados, y esas cosas que se ponen que parece que es para hacer sado...

—Cilicios.

—¡Eso! Y en los cajones de la cómoda había cada cosa... Rosarios de nácar, un misal, un crucifijo, estampitas viejas, un libro con la vida de la Fundadora...

—También los cajones de la cómoda se abrían y chirriaban mientras follabas…

—Bueno, no, eso lo registré en un descuido. Qué quieres, soy gay.

Barbarita resumió:

—Y así que te lo follaste en la celda de la superiora del convento.

—Sí. ¡La cama rechinaba como si no lo creyera!

—Y el fantasma de la superiora rondando.

—No, a ella no la vi... —dijo David pensativo. Y al cabo de un rato añadió en voz baja:

—Sólo a la Madre Fundadora...

—¡Ah! ¿Qué aún vive?

David negó con la cabeza con gesto serio.

—No. La vi en un cuadro enorme a los pies de la cama, esgrimiendo un crucifijo como ella de grande, tal que diciendo: «¡Como me hagáis bajar...!». ¡Te juro que esa mirada la tenía yo clavada en el cogote temiendo que me desnucara de un cristazo mientras me follaba al Gabi!

A David se le atragantaban las palabras, se le veía nervioso. Gesticulaba dibujando con las manos el marco del cuadro. Miraba al frente como si estuviera ahí haciendo guardia la Fundadora junto al baño.

—Normal que no volvieras a follártelo... —dijo Barbarita con un estremecimiento.

—Pues... me hubiera gustado volver a verlo. —dijo David— ¡Pero a esa casa no volvía yo ni loco! Él pensaba matricularse de primero en mi misma facultad, pero como al final me lo dejé para ponerme a trabajar, perdí el contacto.

—Haberle llamado al móvil.

—No te lo creerás, pero no tenía —murmura David—: lo primero que hizo el padre fue quitarle el que le había comprado su madre. ¡Decía que era un sacadineros! Y claro, cuando llamaba al fijo, o se ponía el padre, o una mujer que supongo que es la chacha que limpia el convento. Quiero suponer...

—¿Y quién iba a ser si no?

—Pues te vas a reír, pero me da a mí que la Madre Fundadora. —dijo David muy serio.

—¡No jodas! —Gerson le miró a la cara—. ¡Me estás asustando!

—Es que... —susurró David, en voz muy baja— ésa se baja del cuadro y se da garbeos, seguro. ¡Tú no has visto ese careto! Y la voz que se ponía al teléfono no era la de una tía normal; una voz así, gutural, que parecía decir: «¡Os he vistooo..., sé lo que habéis hechoooo!».

Gerson interrumpió para cambiar de tema, porque ya estaba imaginándose a la Fundadora descorriendo la cortina del cuarto oscuro y salir flotando hacia él, con los brazos extendidos hacia delante como garras armadas de cuchillas y un careto como el de Freddy Kruger bajo las tocas.

—Así que sólo echasteis ese polvo. —se apresuró a decir.

—Si... —contestó David, y de golpe añadió— Me hubieran gustado más. El pobre era tan cariñoso...

—Y un poquito moñas también. —apostilló Gerson.

—¿Y quién de nosotros no? —admitió David— Pero, la verdad es que a me alegré cuando lo vi aparecer de repente en la carnicería: se ve que había estado haciendo sus averiguaciones y por fin me había encontrado. Yo no le había dicho a él dónde vivía ni dónde trabajaba. Ya sabes, son precauciones de gata lista. Y entonces...

—¿Qué pasó entonces?

—¡Me acojoné! ¡Lo vi tan lanzado!... ¡Entró como una tromba, con todas las clientas allí delante guardando cola en formación y de repente calladas y con una santa paciencia que ninguna me decía ya: «date prisa niño que tengo el perol al fuego»! ¡Y mi padre en la trastienda! Si no lo paro, me da allí mismo un beso en los morros...

Me recordó a Glen Cloose en aquella película tan antigua... ¿cómo se llamaba?

—«Atracción Fatal».

—¡Eso! Así que mientras cortaba jamón también yo estuve todo lo cortante que pude. Me dijo que había esperado encontrarme este año en la facultad, y yo le contesté que me lo había dejado, porque la carrera de Historia no tiene salidas y que con sólo el título no se mantiene a una mujer y unos niños: esto último muy alto y mirando a las clientas: «¿Me reciben? ¡Macho al aparato!». Gabi lo pasó por alto, y me sugirió que podíamos quedar un día de esos para ir al cine o algo. Se le escapó: «podríamos, no sé... conocernos mejor». Me miró con ojos tiernos y me dio su teléfono. ¡A todo esto, las clientas con la formación deshecha y haciendo corro para oír más a gusto! Yo volví a tajar filetes mientras decía «claro que sí», sin saber por dónde salir. Al final le dije que tenía mucho trabajo y acabe dándole recuerdos para «esa tía, ya sabes, la Fanny, esa morena tan buenorra que se sienta en primera fila. Tíratela, si puedes, a mi salud». Las clientas parecían entre escandalizadas y tranquilizadas. ¡Estos hombres, siempre con el sexo en el seso! A la siguiente vez que me lo encontré aquí en la disco le dejé claro que yo llevaba lo mío con discreción, que mi trabajo y mi familia quedaban aparte, y que ahí no admitía mariconadas. Que mi vida privada era eso, privada. Y que no volviera a acercárseme.

—¿Todo eso le dijiste?...

—Sí.

—Y al mes saliste en la tele con tu nuevo novio.

David se encogió de hombros. Desde que empezó a contar la historia, esperaba ese reproche final.

—¿Qué quieres? ¡Me dio el punto!

—¿Ya te dan igual las clientas, entonces?

—¿Sabes? —respondió David— La vida tiene sus momentos; en el momento en que me cogió Gabi yo me lo estaba planteando todo, y con Arturo no me planteé nada. Pudo haber sido al revés, pero fue así la cosa. ¡Y... mira, no me arrepiento!

«Se está queriendo convencer», pensó Gerson.

Se quedaron los dos, contra la barra, rumiando sus pensamientos.

—¿Así que has plantado una pradera de amapolas? —dijo Gerson de pronto.

—¿Qué si he hecho qué?

—Es una frase de «El amor en los tiempos del Cólera», del premio Nobel colombiano García Márquez: te dejé el libro, no sé si lo recuerdas, y no me lo devolviste.

—¡Ah, sí: lo empecé a leer, pero estaba en colombiano! Ya lo leeré traducido.

—Los colombianos hablan en español, cariño. Y éste, además, del bueno.

—¡No jodas! Pues bueno, cuando hagan la película me avisas...

—Ya la hicieron. Con Javier Bardem.

—¡Bueno, pues me esperaré a que salga el videojuego! ¡Qué plasta eres! —se irritó David— ¿A qué viene eso ahora?

—Es que en esa novela se cuenta una historia que me ha recordado a la tuya —dijo Gerson—: la protagonista deja a su novio en un arrebato y luego se casa con otro por no quedarse soltera. Y como la cosa no tiene remedio, nos dice García Márquez que: «lo borró por completo, y en el espacio que él ocupaba en su memoria dejó que floreciera una pradera de amapolas».

—¡Dios! De todos los frikis del mundo... — empezó a decir David. Gerson le interrumpió:

—Por eso te preguntaba que si habías plantado una pradera de amapolas sobre el recuerdo de Gabi.

—¡Pues no, porque yo para pradera de amapolas ya tengo ésta!— contestó David, abarcando a su alrededor con un gesto.

Quedaron otro rato en silencio y por fin zanjó David:

—Arturo es el hombre que quiero, y en cuanto a Gabi, sencillamente lo he olvidado. Y anda, volvamos a la pista o estos pensarán que nos hemos metido en el cuarto oscuro, y no quiero que hablen, que estoy casado.

Capítulo 6

—¿Puedo sentarme? —había dicho, con mucha educación la chica de los ojos verdes, en la terraza del bar: sonrió, y el día encapotado se iluminó de repente como si las nubes se hubieran apartado para dar paso a un sol de verano.

—Me llamo Amy. —dijo.

La reconoció enseguida. Años atrás su madre había dicho a su hermana Rosa: «Qué ojos tan verdes, y qué sonrisa tan bonita tiene Amadita; de aquí unos años sería una novia estupenda para Arturín. ¡Debería entrar más en esta casa, no como ese trasto de Carmencita, que es un chicote!». Y ya se relamía de gusto, echando de menos la época en que se concertaban los matrimonios.

—¿Puedo sentarme? —había dicho, con mucha educación, Gabi.

Se le había acercado en el bar de la facultad con un botellín de cerveza en una mano, mientras Arturo tomaba café a media mañana.

—¡Felicidades por su cumpleaños, don Arturo!

—¿Y cómo sabes que es mi cumpleaños? ¿Lo llevo escrito en la cara?

—¡Hombre, el otro día me dijo usted los días que le faltaban para los cuarenta y cinco!, ¿no lo recuerda? ¡Lo que me pude reír! Le molestó que le echara más años: hay que ver lo coqueto que nos ha resultado... ¡Nadie lo diría, vistiendo como viste! Pero, en fin... todo tiene su lado bueno. Sin duda hace tiempo que dejó atrás la crisis los cuarenta.

—Nunca la pasé. No soy tan superficial.

Gabi no pareció notar el tono cortante, y se repantingó más.

—Verá… me gustaría comentarle una duda…

—Si es relativo a mi asignatura, tengo mis horas de tutoría, y para la juventud de hoy, un correo electrónico. Aunque preferiría que ya que te sientas en primera fila te mantuvieras despierto en mi clase: a lo mejor así no tendrías dudas que comentarme.

—Es que mi duda era justo sobre eso… estaba adormilado porque anoche me desvelé viendo la tele. Un *Late Night* que no sé cómo se llamaba, ¡hay tantos ahora!… La verdad es que me fascinó. ¿No cree usted que los historiadores del futuro alucinarán con los archivos de la tele?

—Espero que antes de eso un cataclismo cósmico borre todas las huellas de las últimas dos o tres generaciones. Como mucho, que se salven las películas en blanco y negro del Hollywood clásico: Bette Davis es la única que merece pasar al Reino de los Justos. Bueno —añadió, como concesión a los gustos de la teniente Ripley—: ella y Sigourney Weaver.

—¿Sí? ¡Yo espero que no!…: esas películas que a usted le gustan no tienen ni una milésima parte del interés sociológico que un buen programa de televisión. ¡Ni Bette Davis ni Sigourney Weaver son reales tal y como aparecen en la pantalla: la que es real como pocas es la madre de usted!

—¿Mi madre? —dijo Arturo, y pensó enseguida: «¡Mi madre!»

Desde que doña Alma cumplió su propósito de acudir al programa de Fabrizia, había cobrado vida propia como personaje televisivo: se paseaba por todas las cadenas acompañada por Rosa, la cual parecía un *drone* falto de control, lanzado en barrena y disparando a lo loco.

—¡Su madre, si! —respondió tranquilamente Gabi— ¡Ah! ¿Qué no la vio anoche?: ¡fue espectacular! Salió en el *Late Night* que digo, junto con su hermana de usted, Rosa, y el transexual aquél de «Opérate en directo», ya sabe quién…. Los otros tertulianos no sé bien quienes eran porque cuando uno se descuelga un poco (por los exámenes, ya sabe), la mitad de los famosos o han muerto de sobredosis o están en el trullo, o simplemente han aburrido al personal y los han sustituido famosos nuevos que no conoce nadie. Había un zoófilo, eso sí lo recuerdo, que se follaba a su dobermana o «doberwóman», no sé cómo se dirá. Su madre empezó a llamarle cochino a gritos, y él respondía que más cochino es usted, que viola a niños de primaria, mientras que la «doberwoman» es todo lo adulta que puede ser una perra. Su madre, toda desgañitada, chillaba que usted sólo se acostaba con mayores de edad, pero el otro esgrimía fotos bajadas de Internet, donde se le ve a usted corriendo con los pantalones bajados detrás tras un autobús escolar mientras los niños le echan fotos con el móvil: que digo yo que será difícil correr así, ¿no? —dijo Gabi, mirándolo como si esperara que Arturo le explicara la técnica. Como no lo hizo, continuó—: Al final su madre le tiró de los pelos, y él le rompió a su madre las gafas, mientras su hermana Rosa negaba estar liada con el transexual sin que nadie le preguntara.

Arturo le miró detenidamente mientras hablaba. Al fin Gabi calló y apuró el botellín de un trago.

—Creo que voy a pedir otra; ¿usted quiere algo?

—Sí, por favor. Otro café. ¡Y moléstate en invitarme, que creo que me lo estoy ganando!

—Será un honor.

Lo miró mientras se levantaba e iba a la barra, con la actitud con que un glóbulo blanco estudia a una bacteria.

«Es guapo, pese a su pelo rojo... Se parece algo al príncipe Harry de Inglaterra —pensó desapasionadamente—, y tiene buen culo. ¡Y pluma! —anotó, esto último con satisfacción. Que le duró cinco segundos, porque la coletilla fue—: Luego pasivo; ideal para David».

Se los imaginó a los dos en la cama. Lo curioso es que, aunque la idea le repugnaba, sólo de pensarlo notó que se le empinaba sin querer: «¡Qué asco!», se dijo, renegando de la autonomía de su cuerpo. Tuvo que reconocer, visto el efecto que la mera imaginación hacía en él, que serían una buena pareja de cine porno incluso para el espectador más exigente. Y sin embargo... David estaba con él, no con Gabi. Por eso intentaba mortificarle. Inconscientemente se irguió en su silla; bien, si hay que luchar, se lucha. Crispó las manos sobre la mesa: notaba cómo le crecían las zarpas.

Gabi volvió, y le alargó la taza de café.

—Tenga. —dijo.

—Gracias —contestó Arturo, cogiéndola. Y añadió: — ¡Bien! ¿Y toda esta parrafada ha sido por algo, o estás tratando de caerme más simpático aún de lo que ya me caíste el otro día?

—No. Sólo quería saber su opinión sobre el tema... ¡Al fin y al cabo, el que abrió a su madre las puertas de la fama fue usted!

—No creo que deba darte ninguna explicación sobre mis actos.

—Creía que le gustaba explicar sus actos a toda España.

—¡Mira, chaval —contestó Arturo—; tú vas muy sobradillo porque la vida no te ha puesto a prueba: no has tenido tiempo de hacer locuras!

—Creía que era yo quien estaba en la edad de hacerlas.

—¡Para nada! Lo crees porque a la juventud todo se le perdona. Pero, escúchame bien: ¡es al contrario! Vosotros, los jóvenes, sois los que os podéis permitir ese lujo de ser sensatos. ¡Para nosotros, cada día vivido en sensatez es un derroche que no nos podemos permitir! ¿Tu padre tiene cuarenta y cinco años, verdad?

—Lo sabe bien. Amando tiene su edad.

—Dale un poco de tiempo: si de aquí poco no comete una pequeña locura, tiembla... ¡Porque eso quiere decir que prepara una grande!

Gabi sonrió. A su pesar, la sonrisa de Amy dulcificó su rostro.

—No veo a Amando haciendo locuras... —empezó a decir. Siempre le llamaba Amando cuando sonreía, y entonces se parecía a Amy. Cuando decía «mi padre», su rostro se volvía duro, y entonces se parecía a Amando. Era curioso. Tomó nota Arturo, por si esa información le podía valer.

—Yo tampoco lo veo. —reconoció Arturo— Aún no, pero espera. Es cierto que siempre fue un muermo, y un meapilas: tú te le pareces algo. ¿Se puede saber porqué narices no me tuteas?

—Por el respeto debido a un profesor.

—¡Un cuerno; tú no me respetas! Y a mí me ofende. ¡Yo soy de la generación del tuteo, era un niño de teta en el 68! ¡Mis años de juventud son los ochenta!

—Y los míos estos.

«Touché».

—En fin... —dijo, totalmente perdido, sintiéndose contra la lona— no recuerdo ahora de qué iba a hablarte...

—¿Tal vez de su madre? —apuntó Gabi.

—No. —negó Arturo, con veneno— No. ¡Creo que de la tuya!

A Gabi se le demudó el rostro. Se tensó.

«Terreno vedado, ¿eh? ¡Bien! Eso me gusta».

—No se pase, don Arturo. —dijo Gabi lentamente— Ni siga por ahí. Mi madre está muerta.

—Pues antes estuvo viva. Mucho. ¿Sabes?

—No me gusta ese tono.

—No voy a cambiarlo: ¿algún problema?

Gabi le miraba como una gata a punto de saltar. «Pero creo que antes que saltes a mi cuello saltaré yo: ¡te voy a trasquilar tu rojo pelo con mis uñas!».

—Tu madre y yo fuimos muy amigos... —continuó— La boda con tu padre fue sonada, porque eran vecinos, de casas enfrentadas, cada una en una acera. Pero fue bastante truculenta, porque la misma noche de bodas, Amy, tu madre, cruzó la calle en picardías llorando y se puso a aporrear la puerta de la casa de sus padres hasta que le abrieron: ¡imagínate el percal! Susurros, sombras tras los visillos, persianas a medio alzar... Muchos dijeron que tu padre había pedido a tu madre cosas fuera de lo corriente, y como el vecindario no estaba muy puesto en novedades, durante décadas las vecinas, cuyos maridos sólo pedían más de lo mismo, se preguntaron qué cosa tan rara le habría pedido Amando a Amy. ¡Menuda fama de pervertido cogió tu padre! Y yo creo que eso las ponía cachondas cuando iban a comprar el pan a la panadería de tu abuelo, donde tu padre aún despachaba, mientras se sacaba las oposiciones para una plaza de médico de familia: «¿Qué le pongo?» decía él, con esa seriedad suya con la que ya debió mirar a la comadrona el día de su nacimiento. Y no quieras imaginar lo que le contestaban, haciendo un revuelo de pestañas tal que así. —Arturo lo repitió tal como lo había visto hacer a sus vecinas. Luego prosiguió—: La histórica noche de los visillos, tu padre había salido a la calle detrás de ella, aunque tuvo el decoro de vestirse primero. Una pena, por cierto, porque yo también miraba tras un visillo esperando verlo salir, por ver si atisbaba su tienda de campaña de recién casado fogoso, montada debajo de los calzoncillos. ¡Creo que acabaron despertando al cura para que mediara, y entre todos convencieron a Amy de que volviera, no puedo imaginar con qué argumentos! De todos modos la cosa no debió ser tan anormal, pues tú naciste de ahí, aunque sietemesino y bastante feo. Todo fue tirando más mal que bien desde esa noche; hasta que unos meses después Amy cogió el montante y se vino para la ciudad contigo. Pero dudo que tu padre hubiera podido pedir algo a tu madre que la hiciera saltar asustada de la cama: Amy, ya entonces, saltaba de cama en cama sin necesidad de sustos, y en realidad, hacía tiempo que no la asustaba nada...

Respiró: a su pesar, Gabi parecía interesado. ¡Bien!; pasemos al Capítulo Segundo.

—Tu madre —prosiguió— estuvo interna de niña en un colegio de monjas, donde tu abuela, doña Amada, la metió para que, haciéndose una señorita, huyese del terruño y de los pretendientes de espalda quemada y caricias callosas. La madre superiora era la hermana mayor de tu abuela, a la que habían metido monja porque se había negado a casarse con un primo subnormal para juntar unas fanegas de tierra: el subnormal se casó después con otra hija de la familia... ¡concretamente con tu abuela! Ahora que me acuerdo, el subnormal era tu abuelo: tú tienes su mirada.

—¡Creí que tenía los ojos de mi padre! —recalcó «mi padre» con odio, pero Arturo no prestó atención: supuso que esta vez el odio iba dirigido a él.

—Sí, el color es de Amando, pero la expresión es igualita, igualita que la de tu abuelito el subnormal... ¿Qué cosas tiene la genética, verdad? A tu madre en ese colegio le despertaron la vena artística: le enseñaron entre otras cosas a bordar. Recuerdo que me enseñó un tapiz que había hecho de un San Suplicio o una santa Agonías (no me quedó claro), con sus estigmas bordados en hilo rojo, que era un primor de un realismo vomitivo. Para distraerse le puso la cara de su tía la monja, con sólo unos pocos pelos menos en la barba: no sé si fue por eso o por quemar los libros de texto en el patio, que a la tía le dio un arrebato y la quiso estrangular con el cordón del hábito, o eso contaba tu madre muerta de risa. ¡Ni que decir tiene que fue expulsada, y que ése fue todo su contacto con la educación en todas sus acepciones! Afortunadamente, Amy no necesitaba ser educada, porque era un animalillo de instinto certero, una fuerza de la naturaleza: a la tía monja la exorcizaron, porque acabó girando la cabeza, con las tocas como las aspas de un ventilador y soltando ectoplasmas y babas verdes, como un aspersor de riego, aunque esto último puede que sea una exageración de tu madre.... ¡Así pasó Amy por la vida: como un ciclón, derribando a lo que se le oponían; pero a los que se dejaban llevar, los transportaba al país de Oz!

Aunque pretendía seguir manifestando hostilidad, Gabi parecía hasta divertido.

—Me acuerdo de una ocasión, cuando yo tenía veinticuatro años, y ella aún no tenía veinte, en cierto pub y ante unos cubatas: de la risa que me hizo pasar me tiré toda la bebida encima del pantalón y tuve que ir al baño a limpiarme. Tu madre pidió un trapo y polvos de talco al camarero y entró conmigo, y empezó a restregarme la pierna hasta que vi que estaba haciéndolo más arriba de lo debido, ¿me sigues?; y se lo hice ver entre risas, aunque un poco mosqueado. Entonces ella fue y echó el pestillo: «¿pero qué haces?», le dije, ya asustado, porque no me gustaba la cara de golfa que estaba poniendo; ¡y además todos nuestros amigos estaban fuera, al tanto y con la oreja puesta; aunque yo no hubiera sido gay, la cosa era fuerte! Pero ella siguió magreándome, y encima se puso a lamerme la oreja, hasta que al final le tuve que decir: «¡Amy, para, que me haces cosquillas!». «¡No pienso parar —me jadeó ella al oído—; me pones cachonda!», y yo le dije: «Eres estupenda, pero yo soy de la acera de enfrente». Entonces ella me contestó: «¡Ya lo sé, y eso es lo bueno, que todos esos de fuera lo saben también aunque finjan que no, así que nadie creerá que ha pasado nada!». Y se quitó el jersey y sacó dos tetitas preciosas, un tanto pecosas y de pezones rosados: «¡No digas que no te gusto, mariconazo!». «Mujer —respondí—, sí que me gustas, y de todas las mujeres del mundo la primera candidata serás tú; ¡pero sólo, fíjate bien, después de todos los hombres del mundo!». Me miró con cara de decepción con esos ojazos verdes que tenía, y me dio tanta pena que le tuve que dar un beso: entonces me succionó la lengua y me metió la suya hasta la campanilla, y cuando por fin conseguí separarla hizo «¡plop!». Me siguió mirando, defraudada: «¡Pues a ver qué hacemos! —me dijo al fin con una sonrisa resignada—, porque estos se han quedado fuera con la oreja pegada, y yo he apostado que te reconvertía hoy mismo. ¡Y tengo una reputación que mantener!». No me lo creí mucho, porque antes había dicho que ninguno iba a sospechar nada, así que creo que estaba desesperada por echarme un polvo y no sabía qué argumentar; o tal vez fuera verdad lo de la apuesta, porque de pronto se puso a jadear y a decir «¡Sí, si!», y yo fui y me puse a seguirle el juego, como Billy Crystal y Meg Ryan en la escena del restaurante de «Cuando Harry encontró a Sally», una película que para ti será cine mudo: estábamos un poco borrachos los dos, ¿sabes? La cogí en brazos, y empezamos a dar golpes contra la puerta del lavabo y las paredes, de forma que los de fuera debieron convencerse de que estábamos follando como panteras; luego se encrespó el pelo con las manos, se arrugó la ropa, y se tiró agua por la frente para que pareciera sudor: ¡y salió con cara de haber echado el polvo de su vida! Y todos los de fuera muertos de envidia... Tu padre estaba entonces a punto de volver de la mili y faltaban dos meses para la boda: él era partidario de la castidad antes del matrimonio, así que posiblemente fue el único de la panda que no se había pasado aún a su novia por la piedra. Bueno, y yo, claro; y eso, la inquietaba, el que faltara yo: a fin de cuentas, como dijo, tenía una reputación que mantener.

Gabi estaba demudado, mirando el vaso de cerveza como si meditara la oportunidad de tirárselo a la cara a su profesor de Historia Moderna en el mismo bar de la Facultad. «¿Te ha gustado el *flit*, mosca cojonera?» pensó Arturo. Por fin Gabi le miró fijamente, con los ojos de Amando inyectados en sangre, y dijo lentamente mascando cada palabra:

—Es usted un hijo de puta.

Arturo lanzó una carcajada.

—¡Pues ya somos dos!

Gabi se levantó lentamente y se inclinó hacia él, apoyando los puños en la mesa: de pronto no parecía tan grácil ni desvalido, y Arturo se dio cuenta con aprensión de que tenía la suficiente masa muscular como para arrearle un guantazo que le tumbara de la silla. Pero le sostuvo la mirada con una sonrisa: si mis dientes acaban el suelo, pensó, que sonrían hasta el final.

—¿Sabe? —dijo Gabi—: ¡da usted pena! ¡Está lleno de complejos, rencores y malos rollos! ¡Es ególatra, egoísta, y todo lo que empiece por ego!

Arturo se dio cuenta de que en las mesas adyacentes callaban las conversaciones.

—¡No me digas! —dijo, aparentando tranquilidad, aunque esas palabras eran un eco de las que estaba gritándole su conciencia—: esto te va a quitar nota para el examen final.

—¡Está haciendo el ridículo desde hace semanas! —siguió Gabi, sin bajar la voz— ¿No tiene dignidad?

—En estos días se me acabó la reserva de años. Pero tengo, en cambio, algo que tú no tienes... ¿Te digo qué es? ¡Un cuerpo de veinte años en mi cama por las noches!

Las risitas ahogadas de la mesa de al lado le hicieron comprender que le habían oído: pero en ese momento sólo le interesaba que le oyera Gabi.

—Aunque, bueno, en realidad tú también tienes uno... —añadió, ya embalado—: el que llevas puesto a diario.

—¡No sea grotesco!— respondió Gabi, pero le tembló la voz. Arturo se envalentonó: sus garras volvieron a crecer.

—¿No consigues explicarte porqué David no está contigo, verdad? —preguntó mirándolo con ojos despectivos y una calculada sonrisa de condescendencia en los labios.

—Quizás soy demasiada miel para la boca del asno... — respondió Gabi, balbuciente.

Arturo soltó una carcajada malvada.

—¡Mucha miel para la boca del asno! ¡Eso se lo has oído a alguna solterona! ¡Seguro que lo repites a solas en tu casa todo el día, como si rezaras el rosario: soy mucha miel para la boca del asno, soy mucha miel para la boca del asno...! Virgen del Consuelo, *ora por nobis*...

Miró a Gabi, que tenía la cara roja, y no le salían ya las palabras.

—No deberías enojarte —le dijo para rematar—: cuando gritas se te nota más la pluma.

—¡Que le follen! —escupió Gabi, dándose la vuelta.

—¡Ya lo hacen, gracias! —le gritó Arturo mientras se iba. La explosión de risotadas en las otras mesas le trajeron por un momento a la realidad, pero era demasiado tarde para sentir vergüenza.

Apuró el café y se quedó sentado. Junto al apuro sentía una sensación de culpa: la de no haber dicho la verdad. La de haber falseado la historia, omitiendo detalles para oscurecerla.

«Debería levantarme y marcharme antes de ponerme más en ridículo», pensó. Pero...

Pero no podía. Estaba empalmado.

«Extraña vida la de nuestra carne —se dijo—: sigue su propio camino. ¡Casi me agarro de los pelos con ese niñato y mi polla va y se pone dura! A ver si es que me va la marcha; ¿O será que...? ¡Arturo, Arturo, no te conoces; cada día que pasa te conoces menos!».

Capítulo 7

Al entrar en la antesala de la notaría, José se había dejado a su sobrenombre esperándole en la puerta, pensando: «A ver si te vas con otro». Se cruzó con los últimos clientes del día, una familia numerosa que hacía el reparto de una herencia y a juzgar por las caras, habían salido a poco. Las secretarias recogían los papeles de las mesas, y el pasante, un hombre entrajado y servicial le saludó con deferencia.

—Ah, hola, José. Has llegado un poco pronto, estamos ultimando.

—¿Dónde está Jaime, Enrique?

—Ahora llega.

Y Jaime el notario llegaba, efectivamente, esgrimiendo unos papeles.

—Hola, José, ¡llegas pronto! —saludó.

—¿No será que vosotros acabáis tarde? —contestó éste.

—Sí; ¿y sabes por qué? ¡Porque este inútil no hace nada bien y me retrasa!

El mentado inútil empalideció.

—Esto… Jaime, yo…

—¡Ni Jaime, ni nada! ¡Me desayuno con un montón de actas por firmar, hala, para mañana! ¡Como si no costara un trabajo!

—¿Unas firmitas de nada, tanto trabajo? —preguntó José.

—¡Te olvidas de la gran responsabilidad que suponen! ¡Sudo! ¡Me dan pálpitos! Dice mi médico que debo reducir la dosis: ¡así que dejaré de firmar nóminas!

—Puedes posponer alguna cosa no urgente… —dijo Enrique, el pasante inútil, con sonrisa servilona.

—¿Posponer? ¿No urgente? ¡Tú eres idiota: por eso no te has sacado nunca una oposición! —Y dirigiéndose a José, añadió— ¡No sabes la doble carga que llevo encima: el trabajo y a este imbécil que no se gana el sueldo! ¡Anda que lo iba yo a aguantar si no fuera por...si no fuera por...!

Las secretarias, que ya habían cogido el bolso, se quedaron en la puerta con la oreja aguzada a ver si de una vez se enteraban de porqué lo aguantaba.

—¡Porque soy buena persona, ea: y tanto lo soy, que no voy a despedir a esas cotillas, a no ser que no hayan desaparecido al contar yo tres!

No hizo falta contar ni uno: y por la misma puerta por la que habían salido entró el mote de la Patata y se instaló a sus anchas. Y con él la pluma.

—Ricuras, habíamos quedado a una hora. —dijo José, ya Patata de nuevo, poniéndose en jarras— ¡Daos aire! Tú, Perdita —añadió, encarándose al notario—: enrolla ya esos papelorios, guárdalos donde te quepan, y vámonos.

—¡Un momento! —intervino el pasante, irguiéndose de pronto y recuperando toda su estatura de Cruella—: querido —dijo al notario— creo que antes deberíamos tener unas palabras tú y yo a solas...

Perdita se había ido achantando al mismo ritmo al que Cruella crecía.

—¡No hay tiempo! —se impacientó la Patata— ¡Nos están esperando! Ya hablaréis después.

—Después, sí... —susurró, con voz siniestra, Cruella— ¡Desde luego que hablaremos después! —Había un brillo maligno en sus ojos—. ¿Verdad que hablaremos... cariño?

La Patata vio cómo crecía su sombra afilada hasta llenar la pared: «Si tuviera pelos en la cabeza, serían serpientes retorcidas», pensó, y dijo, impaciente:

—¿Nos dejamos de arrumacos?

Cruella cogió su abrigo mientras miraba a Perdita con cara de pensar: «Ya te daré lo tuyo luego, puta perra».

—Pero, Patata... —protestó Perdita, recuperada su tímida personalidad, y acabando de recoger sus papeles—: ¿nos vamos ya? ¿No nos das tiempo a ponernos presentables?

—¡No! ¡No hay tiempo para un cirujano plástico! ¡Tendréis que venir con vuestras caras! Y aún tenemos que pasar por Sara y Baby Jane. Igual vamos un poco apretados en el coche, porque la Niña Juana, de tanto comer bombones *marrón glacé* para parecerse a Margarita Gautier se ha puesto hecha una vaca. ¡Y, Perdita, tú tampoco estás delgada!

—A Enrique le gusto así.

—A mí no me gustas de ninguna manera —respondió Cruella—: pero mientras comes como una cerda, al menos hay alguien feliz en nuestra casa.

—¡Pero qué cosas tan bonitas os decís! Por eso añoro tanto la vida en pareja.

—¿Ah, sí?— preguntó Perdita, con ingenuidad— ¿Por eso?

—José ha utilizado una ironía, Jaime: es una figura literaria. —se rebajó a explicar Cruella con voz deliberadamente cansada, mientras subían al coche— ¡Desde luego, tu neurona se secó opositando a notarías! —Calló un rato, mirando por la ventanilla con desgana, y después se dirigió a la Patata—: ¿Y por qué hacemos esa famosa cena en casa de Arturo? ¡Vive en pleno extrarradio!

—Se trata de la puesta de largo en sociedad de su niña. Y además, ¿dónde querríais hacerla? ¡En casa de Sara no, que es una tacaña que sólo tiene cuatro muebles rescatados de cualquier contenedor de basuras, y se cree que con una mano de pintura y barnizado los hace pasar por antigüedades! La Carrá, mucho diseño y poco espacio, y la casa de Baby Jane parece como ella: el museo de la carcoma. Y en la mía, no me da la gana: con el rollo de que está céntrica, la habéis tomado todos por una discoteca, y cualquier día me encuentro gorilas a la entrada y camellos trapicheando en el baño.

—¿Y nosotros? —dijo Perdita— Tenemos un piso monísimo y reluciente.

—Es cierto —asintió Cruella—: como que se pasa los domingos fregándolo de rodillas. ¡Y cuidado que vea yo una mancha!

—Demasiada pulcritud. ¡Vamos a hacer una fiesta!

—Qué pena... —murmuró Cruella con resignación— A Jaime le encanta fregar grandes pilas de platos...

Poco después habían cargado a las dos que faltaban: al final no hubo apreturas, pues aunque Baby Jane estaba efectivamente un poco más gruesa, lo compensaba lo delgada y demacrada que se veía a la pobre Sara, a la que aquélla miró con una sonrisa mala. Sabía, por la Carrá, que no dormía bien desde hacía un tiempo porque su vida había ido deslizándose desde la comedia gay hacia el terror fantacientífico desde que Milady parió sus monstruitos: hasta la propia Milady, cuando se le acercaban maullando, se iba a esconderse a su regazo.

Se había planteado dejarlos en el balcón por si el padre volvía a recogerlos en un platillo volante, pero como no se atrevía ni a tocarlos se había hecho instalar un pestillo en la puerta del dormitorio y se pasaba las noches encerrado, sintiéndolos deambular como pequeñas réplicas de «Alien, el octavo pasajero» por los pasillos de la nave *Nostromo*. Entonces metía la cabeza bajo la colcha gimiendo: «¿Dónde estás cuando se te necesita, teniente Ripley, dónde?». Se refería a la auténtica, a Sigourney Weaver, claro, no a Carmen, y era la primera vez que añoraba a una mujer en la cama desde que su madre dejó de darle el beso de buenas noches.

Para distraerse de sus tétricos pensamientos, pidió a la Patata que pusiera la radio.

Bzzzz....Fabrizia....bzzzz.

—Caramba —comentó—; Fabrizia hasta en la sopa.

—¡Sí —dijo la Patata—, está de colaboradora! Esto debe ser el programa ése de cotilleo, «España sin piel», que dirige Titín Chichinas... ¡sí, hombre, esta mariquita mala que propusieron para el premio Unidad de España!

—¿Y eso por qué?

—Pues porque una vez consiguió que la esperaran al mismo tiempo para lincharla a la puerta del estudio de grabación los *skin heads* de «Dando Caña a toda España», la asociación ecologista «Salvemos el Piojo Ibérico», el Foro de las Familias Monoparentales Sin Hijos, el Colectivo de Bisexuales «Culoveoculoquiero», el de Asexuales Nimetoques, el de Folcklóricas Lesbianas Alérgicas a la Cera Depilatoria, el Sindicato del Guardabosques del desierto de Almería, y el Colegio de Profesionales de la Estética Televisiva. ¡Todos por una vez unidos como una piña por el bien del país!

Sara iba a cambiar de emisora, aprovechando que la Carrá no estaba para impedirlo, cuando su mano se paralizó al oír:

—*Bzzzz...* Hola, doña Alma... *Bzzzzz.*

—¡Coño, la madre de Arturo! ¿Cómo se sintoniza bien esto?

—*Bzzzz...* Le agradecemos su presencia, doña Alma —decía la mariquita mala—: *Bzzzzz...* más teniendo en cuenta que esta noche dicen que acude usted a la capital, al programa de máxima audiencia «Pozo sin fondo» a desmentir... *Bzzzz Bzzzzz. Prfprfprf...*

—¡Patata, ya no sabemos lo que desmiente! ¡A ver si le pones la antena a tu coche!

—Pues no, estoy harta. La dejo en el asiento de atrás y cada vez que se sienta Baby Jane desaparece: creo que su culo la absorbe.

—¡Mentira! —gritó la aludida—: ¿qué haría yo con algo tan delgado? Y corto...

—*Bzzz...* Dicen las malas lenguas que cobra usted... *Bzzzz...*

—¡Y ahora no sabremos lo que cobra! —se desesperó Sara.

—Pregúntaselo a una mala lengua. —dijo Cruella— En este coche hay muchas.

—Veinticuatro mil euros. —respondió, sin esperar a ser preguntada, Baby Jane.

Hubo un silencio en el coche. Un silencio largo. Un silencio roto sólo después de un rato por el tronar de varios cláxons y frenazos bruscos.

—¡Coño, Patata, que vas a noventa por la ciudad, y te has saltado de golpe cuatro semáforos!

La Patata, sin abrir la boca, dio un volantazo y paró el coche de un frenazo encima de la acera, dejándolo al ralentí. Tras otro largo rato miró a Baby Jane, que iba sentada a su lado.

—¿Y tú cómo sabes eso?

—¡Nena, no sé para qué gastas internet! ¿Para ver cortos de Arte y Ensayo en el *youtube*?

—¿Veinticuatro mil euros? —murmuró Sara, aún zombie— ¿Una señora a la que no conoce nadie, y que no tiene nada que decir?

—¿Cómo que no la conoce nadie?— protestó Baby Jane— ¡Pero si es ya más conocida que Belén Esteban! Se la rifan en todos lados.

—No lo entiendo...— insistió Sara— No lo entiendo. Esa señora es sólo la madre de Arturo. ¡Y Arturo es sólo un profesor que se ligó a un jovencito!

—¡Y que lo contó en la tele, que no se te olvide!— puntualizó Baby Jane.

—Bueno, ¿Y qué? En la tele se cuentan cosas todos los días. ¿Se acuerda alguien de la maruja que se metía pepinos?

—No. ¡Pero imagínate que al día siguiente hubiera salido su madre a dar su versión y hubiera dado juego! Eso es lo que le ha pasado a Arturo: su madre es un crack, les permite estirar la cosa hasta el infinito, y eso se cotiza. ¡Y no creas que Arturo no habrá recibido sus ofertas; y David también! A éste supongo que Arturo lo estará sujetando fuerte para no aceptarlas, porque entre lo que le gustan los focos y la pasta gansa que hay en juego...

Sara calló. Meditó en voz alta.

—La pasta gansa que hay en juego...

Entonces la Patata se volvió lentamente hacia ella. La miró a los ojos y paró el motor del coche.

—Ratita Presumida, mírame. —dijo con voz muy seria. Ésta lo hizo.

—No sé lo que estás pensando. O bueno, sí; pero voy a hacer como si no lo supiera.

Sara se puso a mirarse las uñas. La Patata la siguió mirando fijo.

—Sólo quiero que sepas que en mi nutrida agenda de amantes tengo un par de técnicos de iluminación: trabajan para la televisión, no sé en qué programas. O bueno, sí; pero voy a hacer como si no lo supiera.

Volvió a poner el motor en marcha.

—Ir a un programa a rajar del amigo del amante de un técnico de iluminación puede ser horrible: ¡sobre todo para una maricona pocha que al salir a la calle querría enfundar el sol con una media!... Hay *misses* que han visto hundida por menos sus carreras, conque no sé qué puede pasarle a esa pobrecita... o bueno, sí; pero voy a hacer como si no lo supiera.

Puso la primera y salió.

Todos iban en silencio. Nadie sabía de qué se había hablado. O bueno, sí; pero todos hacían como si no lo supieran.

Arturo había preparado una cena fría, tipo *bouffet*, y despejado el salón comedor para acoger a toda la gente que iba a venir. Estaba nervioso: tenía miedo de la impresión que sus amigos pudieran llevarse de David, y aún más la que David pudiera llevarse de sus amigos.

—No empieces con el mariconeo —le había dicho a la Patata—: intenta que se te note que eres culto.

—¿Porqué me lo dices a mí?

—Porque eres culto, para lo que se lleva. No se lo voy a decir a la Carrá. Ni a Sara. Ni a la Perdita.

—Baby Jane y Cruella también son cultivadas.

—¿Ésas? Cultivadas como las berzas. Las óperas que tiene en casa Baby Jane las olvidó un amante que salió corriendo sin mirar atrás, y sólo las pone a toda paleta cuando no está en casa, para que las oigan las vecinas y digan «¡Ah, qué glamour da al vecindario ese cacho maricón!». Y Cruella sólo parece culta porque siempre parece que te vaya a vomitar encima, y eso impresiona a los ignorantes, que se dicen: ¡Oh, si esa cosa tan fea se atreve a mirarme como a un despojo es que porque debe de ir sobrada de algo! Y, claro, después de mirarle el paquete, por eliminación se dicen: debe ser culta. Así que, eres mi última esperanza: habla de tus viajes, por ejemplo.

—¡Uy, yo en mis viajes sólo he visto pollas!

—¡Hombre, no! —protestó Arturo— Estuviste en las islas griegas, en Amsterdam, en San Francisco…

—Pues ya te digo, pollas griegas, pollas holandesas, pollas californianas...

—¡Algo más habrás visto!

—Claro que sí, tonta: culos, muchos culos. Uno por polla al menos; no hay correlación exacta porque a algunos culos no les vi las pollas, de lo rápido que se daban la vuelta. Sabes que produzco ese reflejo pavloviano en las pasivas.

—¿No viste monumentos? —había gritado Arturo casi con desesperación.

—¡Uf, ni te cuento! ¡Vaya monumentos! Y con unas pollas y unos culos…

Después de esta conversación Arturo no esperaba mucho ni de la cena ni de la vida en general.

Estaban ya casi todos: David había invitado a su amigo Gerson, la Barbarita, como representante de la juventud dorada. Cuando Baby Jane le vio la napia no pudo evitar pensar: «Debe de llevar lo de abajo atado a una pierna, hasta la rodilla». Se le hicieron agua las bocas (la de arriba y la de abajo), y ya no le quitó ojo tratando de saber qué pierna era.

También estaba presente la teniente Ripley, que había llegado pronto, para ayudar, y había ayudado a vaciar ella sola una botella de martini. Y acababa de llamar la Carrá, que se había disculpado porque iba a llegar un poco tarde.

—Vendré con mi nuevo sobrino. —había dicho.

—¿Qué nuevo sobrino? ¿Pero a alguna de sus hermanas le quedaba por pasar la menopausia? —se sorprendió Baby Jane.

—Es un niñato que se ha metido en el piso. —comentó Sara.

—¿Un niñato, la Carrá? Eso es nuevo.

—No es lo que piensas, tonta. Es un estudiante, y lo tiene realquilado, para que le ayude a pagarse las reformas. Que creo que no las paga ni realquilando a todo el campus.

Finalmente llamaron al timbre. Arturo descolgó y dijo simplemente:

—¡Carrá, pedorra, sube!

Esta subió las escaleras, besó a todas, muac, muac, y a continuación dijo:

—Os presento a mi sobrino.

Señaló a Gabi, que venía tras él. A Arturo se le cayó el vaso al suelo. ¡Crash! Gerson alargó el cuello con sorpresa y miró a David. Éste se encogió de hombros.

—¿Qué quieres? —le dijo al oído—; no podía decirle que no lo trajera. Aquí nadie sabe nada.

—¡Hoy lo van a saber!… —canturreó Gerson, con cara de decir «¡Qué bien que me lo voy a pasar, me alegro de haber venido!». Gabi miró a todos... a todos menos a David. Fue directamente a saludar a Arturo.

—¡Hola, profe! ¿Qué celebra? ¿Otro de sus muchos cumpleaños?

—No. —dijo Arturo, seco— Una cena de amigos. Esperábamos al único que faltaba. —subrayó «único».

Gabi miró alrededor. Todas le hicieron corro. ¡Ummm! Carne fresca...

—¡Qué contrariedad! —Gabi hizo un mohín—. ¿Sólo esperaban a uno? ¿Entonces, yo no estaba invitado? Me siento como el hada Maléfica de la Bella Durmiente... ¿Dónde está la recién nacida a la que tengo que maldecir?— Entonces sí miró a David.

—¡Huy, nena —respondió Baby Jane—; recién nacidas somos todas, porque nos bautizan cada día! Este niño me gusta, Carrá. ¿Por qué no lo has traído antes?

—Pues porque antes no había nacido, tonta. Las mariquitas ahora crecen como el moho: se te caduca un cartón de leche y ya tienes para llenar otra discoteca. Luego, al abrir la puerta de la nevera, te sale un montón de niñas monísimas, bebiéndose tus bebidas y esnifando tu popper y diciendo «¡Ay, maruchis, qué alta estaba la refrigeración de este garito!». ¡Asco que me dan!... Bueno, pero mi niña no. —miró a Gabi con afecto— Ella no da asco. Es mi sobrina putativa. ¡Y me ha salido muy lista!

La verdad es que en poco tiempo Gabi y la Carrá habían hecho muy buenas migas: acostumbrado a los amantes de su madre, no se escandalizaba de nada, aunque los amoríos de su madre llenarían las mesas un café, y lo de Carrá las gradas de un estadio de fútbol.

—Si llevaran al cine mi vida sexual, tendría que filmarla Cecil B. De Mille, y contratar tantos extras como en «Los Diez Mandamientos».

—llegó a presumir la Carrá un día. Gabi no lo dudaba, aunque se abstuvo de comentarle que De Mille estaba muerto, porque pensó que muchos de los amantes de la Carrá también lo estarían.

Gabi fue presentándose a todos. Arturo comprobó enojado que parecía haber caído a todo el mundo bien; también a la Patata, lo que le desesperó. «¡Mierda: si le hubiera desagradado a la Patata, seguramente hubiera pasado una noche de las que se recuerdan en pesadillas! ¡Les gusta porque es mariquita mala!», se dijo con rabia. Incluso Carmen parecía encantada. «¡Tonta teniente Ripley, para una vez que te enfrentas de verdad con Alien, te sonríe y le babeas!». Carmen se acercó toda borracha.

—¡Este niño me suena un montón! Esa sonrisa, esos ojos..., los he visto ya.

—Si. —dijo Arturo, seco— Es el hijo de Amando y Amy: seguro que te acordarás de él si lo imaginas con el vestido de novia de su madre puesto.

Carmen dio un gritito ronco. Le miró otra vez.

—¡Claro, la sonrisa es la de Amy!

—Y los ojos los de Amando: es lo único que tiene de él.

—¿Si? No me lo parece; es verdad que esos ojos me son muy familiares, pero no me recuerdan a Amando. Y de Amy no son, ella los tenía verdes...

Se encogió de hombros y fue a saludar a Gaby, con un apretón de manos. Ella, besar, sólo besaba a la bandera del regimiento.

—¡Ven aquí, hijo! ¡Ven con la tía Carmen! ¿No te acuerdas de mí? ¡Estas hecho un hombre!

«Y tú más. ¿Desde cuándo tengo una tía tan tío?», pareció pensar Gabi, que retrocedió impulsivamente. Arturo había reparado que, entre todos, había dejado por saludar sólo a David y que éste pasaba ostentosamente de ello.

—¿No saludas a David? ¡Esta vez si que no puedes decir que no te acuerdas de él! —se oyó decir sin quererlo, porque sabía que evidenciaba sus sentimientos.

—¡Pues no; la verdad es que no me acuerdo de él para nada! —repitió por segunda vez Gabi, con toda frescura. Y se acercó con más frescura aún:

—¡Hola, David, encantado de conocerte! —Le estampó dos besos, y David contestó:

—Hola, Gabi. ¿Eres el compañero de piso de Rafa? El gusto es mío.

«El gusto fue tuyo cuando te lo follaste, cabrón», pensaba Arturo. Estaba enojado consigo mismo por haber propiciado esa escena: sabía que el público era sutil, y que siempre acababa entendiendo la función, no importaba cuán enrevesada fuera. Y de hecho ahí estaba la Patata acercándose con un vaso en la mano:

—¡Uy cuanto *rintintin* en el ambiente....cómo se masca el *rintintin*!....

—«Rin-tintín» era un perro, Patata.

—¡Y tú una perra! Y yo una gata vieja que sé que aquí pasa algo y no lo quieres decir... ¡A ese niño se lo ha follado uno de vosotros dos!

—Ese niño es el hijo de mi amigo Amando. —dijo Arturo, y se arrepintió enseguida de decirlo.

—¿De Amando? ¿De Amando Locamente? ¿El de las cañas del río con el que te pajeabas a los quince añitos?

—¿Te quieres callar? —susurró Arturo, mirando en todas direcciones.

—¡Arturo —dijo, seria, la Patata—, esto no puede ser! Para ser un buen culebrón de sobremesa a tu vida le hacen falta tiempos muertos: ¿si no, cómo me echo la siesta? ¡Dos tardes, y ya no me entero de nada! ¿Qué hace el hijo de tu gran amor platónico en la puesta de largo de tu niña? ¿Por qué viene sacando las uñas de despechada? ¿Por qué huelo que se va a agarrar del moño con alguna de vosotras? ¡Quiero saber con quién de las dos por no ponerme a su lado! Esto es la típica ronda de celos, ya sabes y tú el galán de su pasión.

—Pues te equivocas de medio a medio. Los que han tenido rollo han sido ellos.

—¿O sea, que el padre te amargó la pubertad calentándote la polla, y el hijo te amarga la madurez follándose tu marido? ¡Para ellos debes de ser una más de la familia!

—Sí, deberías unirte con ellos. Ya sabes, desde el estreno de *Macbeth*, las brujas van en packs de tres.

—Huy cuánto *rintintin*… se masca el *rintintin*… —repitió la Patata yendo a servirse otro gin-tónic.

La presentación de David en sociedad no era el único motivo de tan nutrida reunión: también estaba prevista la lectura de los capítulos iniciales de la novela que estaba escribiendo Arturo. Ciertamente, el grado etílico de los invitados tras la cena y las copas de rigor no creaban el ambiente más propicio, y además la presencia de Gabi había chafado a Arturo, que remoloneaba con la esperanza de que el público desistiera: pero el público no desistió y hubo de llevar a cabo la lectura.

Al terminarla, Arturo pidió los pareceres.

—No me ha gustado. —informó Cruella, acentuando su cara de fístula anal. No de padecerla, sino de serlo.

—¿Y por qué, si puede saberse? —preguntó Arturo, mosqueado.

—Es una novela burguesa: yo ahora mismo estoy leyéndome, en inglés, «La motosierra de Occam», de Elvis Popper, un autor maldito cuyas novedades se apilan en las librerías de Nueva York. En ella los personajes toman ácidos sin parar, y el protagonista, un tal Willy Occam, un muchacho muy sensible, los destripa con una motosierra mientras se los folla. ¡Eso si que no es nada complaciente!

—No, desde luego; a mí dudo que me complaciera... Y espero, por el bien de Perdita, que es la que tienes más a mano, que si te da por ser sensible un día, te conformes con los ácidos.

—¡No entiendes! Es una crítica sobre la superficialidad del mundo gay —aclaró Cruella—; el protagonista destripa a sus amantes porque es la única forma que tiene de llegar a su interior. Ésa y follárselos, claro... ¡Pero en tu libro no hay crítica, porque eres un burgués sin mensaje!

—¡Es que si fuera proletario, viajaría a Nueva York a comprar en las librerías de Manhattan *best-sellers* de autores malditos! —contestó Arturo, de mal humor. Y rezongó para sí—: Aunque para autor maldito yo, que no me lee nadie...

Al cabo, la Patata, Arturo y la teniente Ripley fregaban platos en la cocina; ésta, con la botella de ginebra al lado, para arrearse lingotazos de vez en cuando, mientras los demás seguían en el comedor tomando la penúltima.

—¿Y bien? —preguntó Arturo a la Patata, que no había opinado.

—No sé... El lenguaje no parece muy del siglo XVI.

—Lo he actualizado un poco, sí. Es que quiero que se venda. ¿Y qué sabes tú del lenguaje del XVI, si puede saberse?

—Pues nada, pero que el Marqués de Gata Vieja le diga «Cacho maricona» al conde de Bujarra no da el pego... Aún si hubiera dicho «Cuán sodomita es vuesa merced»... Y además, pones demasiadas comillas.

—Son los pensamientos de los personajes.

—¡Pues piensan demasiado para ser mariquitas! Además, ¿cómo puede saber el narrador lo que piensan?

—Porque es un narrador omnisciente, tonta, que se mete en la cabeza de los personajes. Ese recurso lo utilizamos mucho Flaubert y yo.

—¿Y por qué nunca se mete en la cabeza del paje de los ojos verdes? No entrecomillas sus pensamientos.

—Es que he querido que tenga algo de misterio.

La Patata le miró con guasa. «Misterio, ¿eh? —pensó— ¡Tú si que no tienes de eso; a ti te entrecomillo los pensamientos sólo de verte la cara!».

—¿Y no será que no sabes lo que piensa? —dijo con retintín.

—Desde luego que lo sé: es un personaje que he creado, ¿cómo no voy a saberlo?

—¿Y qué piensa, si puede saberse?

—Nada. ¡Ése es su encanto!

—¡Nada! —repitió la Patata, poniendo a la vez los ojos en blanco y una gotita de «*fairy*» en el estropajo— ¡Su encanto está en que no piensa nada! Yo supongo me he follado a muchas tontas, aunque no les doy tanta conversación como para averiguarlo: ¡pero no digo que ése sea su encanto!

La teniente Ripley roncaba hacía rato. Se había quedado dormida de pie ante la pila, acunando la botella de ginebra.

—¡Oye!... —empezó Arturo, mosqueado.

—¡No, oye tú! —repuso la Patata, apuntándole con el estropajo como si fuera a frotárselo por la cara— Antes de esto llevabas una vida ordenada: de lunes a viernes, clases con alumnos a los que no te follabas; el viernes y el sábado, amigos maricones para echar pluma; los domingos, paellita con tu madre, y los años bisiestos, ligabas. ¡De pronto aparecen dos ojos verdes conectados a un cráneo hueco, y sales del armario atropellando a tu madre, que del trauma se convierte en un *freak* televisivo; montas *menajes a trois* con el hijo del amor de tu vida; te tiras de los pelos, según me cuentan, en el bar de la facultad con un alumno, y se lo pones a huevo a tus amigas para que te hundan con menos esfuerzo que antes! ¿Y todo, porqué? Por un cuerpo bonito que dices tú que no piensa nada: o mejor dicho, joven. ¡Porque bonito, bonito, el mío a su edad!

—Eres una pedante y te voy a contestar a tono: David es una obra de arte. ¡Y una obra de arte no lee enciclopedias sino que figura en ellas!

—Y tú serás el que va a escribir su entrada en la Wikipedia, supongo... En la página de desambiguación, el David de Arturo figurará junto al de Miguel Ángel.

—¡Todo lo que él ignora son justo las cosas que no hacen falta para nada: lo esencial lo sabe sin haberlo aprendido! —añadió Arturo.

—Salvo cómo ponerte el culo.

—¡Eres tan grosera como pedante!

En ese momento se oyó en el salón la voz de Jorge Gargall, el presentador televisivo. La Patata palideció.

—¿Pero..., estas pedorras han puesto la tele? ¡Les había dicho que no lo hicieran!

—¿Por qué no lo iban a hacer? —dijo Arturo, ignorante. Su madre nunca le decía a dónde iba.

En el comedor, como quien no quiere la cosa, Gabi acababa de encender la televisión, en el momento justo en el que iba a empezar el programa «Pozo sin fondo», conducido por Jorge Gargall, la emperatriz de las mariquitas malas.

—Es terrible pensar —comentó Sara— que antes de la aparición de estos programas, las que estudiaban para mariquitas malas salían de la facultad y no tenían trabajo, y seguramente morían de hambre en las cunetas.

—Si antes no las atropellaban adrede. Nosotras, como lo nuestro es vocacional, nunca tuvimos ese problema. —asintió la Carrá.

—Nos informan por teletipo —decía Jorge Gargall en ese momento— de que doña Alma de España, la invitada de hoy a nuestro programa, que venía a contarnos por qué no se habla con su hijo Arturo, ha sufrido un accidente en carretera cuando iba, de camino a nuestro plató, en un coche de producción. El coche parece haberse despeñado por un precipicio. Le acompañaban su hija Rosa y nuestra colaboradora Fabrizia Sentraña, conductora del programa «Confiésate al mundo», que logró saltar antes por la ventanilla. Tenemos imágenes de un videoaficionado que se encontraba allí.

Y en las imágenes de vídeo —otro de los misterios de nuestro siglo ¿qué diablos hacía un videoaficionado filmando a las doce de la noche el arcén de una carretera junto a un precipicio?— se vio al coche salir despedido, con una vuelta de campana por encima del quitamiedos, mientras Fabrizia volaba, al fin, como la bruja que siempre llevó dentro.

Capítulo 8

Llovía: Arturo y Amando, dos chiquillos de quince años, oían música en el dormitorio de éste. A Arturo le gustaba esa habitación, llena del olor de Amando, y estar recostado en la misma cama donde él dormía. Las paredes estaban empapeladas con pósters de futbolistas. Amando le miraba con sus ojos grises clavados en él, y Arturo sentía acelerársele el corazón.

«¿Tú tienes un secreto? —dijo Amando de pronto—; yo sí tengo uno».

Arturo sintió un sobresalto terrible y delicioso a la vez.

«¿Quieres que nos contemos los secretos?», sugirió Amando. Los escribieron en sendos papeles, que se dieron a leer. Arturo había escrito, muerto de miedo, como si se estuviera atando una piedra al cuello para tirarse al río: «Te quiero». Amando gritó al leerlo: «¡Pero eso no es un secreto, hombre! Claro que nos queremos, somos amigos». Él había escrito: «de mayor seré médico».

Así que ni se revolcaron en la cama ni comieron perdices; no eran valientes como los héroes de los cuentos Quizás, si uno de los dos lo hubiera sido...

Amando había cumplido en todo caso su sueño secreto: ya era médico. Y ahora, treinta años después estaba allí, ante la cabecera de la madre de Arturo, toda amoratada y gimiente pese a la sedación.

Milagrosamente, tanto ella como Rosa habían sobrevivido a la caída por un terraplén de treinta metros, tras haber dado seis o siete volantines. Ni siquiera se habían roto nada, aunque estaban magulladas y llenas de hematomas y rasguños. Cuando por sus propios medios lograron salir del coche volcado, el equipo de televisión que les seguía, encabezado por Fabrizia, que también había bajado el terraplén volando, les había puesto la alcachofa en la cara para preguntarles cómo estaban: y su madre lo había explicado con todo detalle.

—Debería descansar y no recibir visitas. —dijo Amando.

Arturo asintió. Acababa de despedir a todas sus amigas; las de su madre y las suyas, que, confundidas por las exageradas noticias que se daban en todas las cadenas de radio y televisión, se habían presentado de luto riguroso. Las de su madre habían encontrado sin problema ropa adecuada: muchas ya la llevaban encima. Las de Arturo habían rebuscado en sus armarios: y la Carrá llevaba una camisa negra escotada y ceñida, con dorados en el escote y los puños; Baby Jane una camiseta de licra sin mangas en la que se leía: «Sitges 86»; Sara, en medio de ellas, otra con dos flechas dibujadas, señalando a derecha e izquierda, y un letrero: «No las conozco de nada»; y Cruella y Perdita se habían enfundado en cuero, como si estuvieran en un bar leather de Ámsterdam. Todas, con gafas de sol como chicas «Martini». Sara había traído, además, un gato para ofrecerle.

—¿Pero cómo se te ocurre? —le había echado en cara la Carrá— ¡Acaba de perder a su madre!

—Mujer, yo ya sé que una madre como la suya es... como poco, insustituible. ¡Pero un gato también hace compañía, y no sale en la tele a contar nada!

Al rato, y tras ser despedidas a cajas destempladas, ya estaban de vuelta todas en el coche, con el gato y despotricando.

—¡Cómo se ha puesto la Teleindiscreta! —dijo Baby Jane— ¡Encima de que íbamos a hacer bulto!... Porque vamos, con esas cuatro momias de amigas que tiene su madre, ni con *strippers* se animaba el cotarro. —Se quedó meditando y añadió—: Creo, querida Carrá, que nosotras no deberíamos morirnos tan viejas, que luego resulta que a nadie le importa: en cambio, ahora vendrían todas las parroquianas de «Malkeda».

—¡Uy!, pero, ¿vendrían? Porque yo aún estoy visible en la barra y notarían mi falta, pero tú, qué siempre vas directa al cuarto oscuro... lo único que iban a notar sería que tropezaban menos.

—Vendrían, hija; vendrían, aunque fuera para criticar.

—Pues es verdad, para eso sí... —la Carrá evaluó la propuesta— ¿Por qué no te mueres, y así aprovechamos para reunirnos?

—Pues porque eso lo tenemos que hacer juntas: podríamos ir a la playa, cogernos de la mano y meternos en el mar hasta que nos cubriera, como dos sirenas.

—¡Ay, no, que quedaríamos hinchadas y oliendo mal, y entonces sí que rajarían todas, pero bien a gusto! Igual lo mejor sería que la Patata estrellara ahora el coche, y si no le da tan fuerte que nos destroce, quedaremos apropiadas: ¿Patata, tú qué dices?

—Pues que no me da la gana. —contestó la Patata, al volante— Que vosotras estéis cansadas de vivir, lo entiendo: pero yo aún estoy monísima, y no he pasado el umbral de los cuarenta aunque todas estáis ya al otro lado, como en una película de miedo, diciéndome «ven...ven...», y tirando de mí para que entre. ¡Pero no paso, y no paso! Y ahora, queréis que os acompañe para que acudan a vuestro entierro todos mis jóvenes y guapos amantes, y le den un poco de glamour. ¡Pero yo creo que deberías vivir muchos años y dejar que se mueran las demás antes! No deberíais perder la ocasión de ser vosotras las que las peléis a ellas de cuerpo presente.

—¡Pues es verdad! —contestaron todas. Y ante la alegre perspectiva de tanto entierro de amigas como les esperaba, las dejamos perderse por la carretera.

Una vez libres de ellas, y con doña Alma más tranquila, Amando le dijo a Arturo:

—Vamos abajo; quiero hablar contigo.

Arturo iba a seguirle, cuando su madre le cogió del brazo y apretó fuerte.

—¡Quédate un poco, hijo! —gimió.

Arturo hizo una seña a Amando de que le esperara fuera.

—¿Qué quieres, mamá?

—¡Hijo! —le dijo su madre haciendo un puchero—: ¡casi te quedas huérfano!

—Mamá —contestó él—: esto es lo mínimo que podía haberte pasado. Quiero que me prometas que no volverás a esos programas.

La madre hizo otro puchero. Respondió con voz quebrada:

—Yo no te digo a ti que no hagas tu vida.

—Mamá, tu vida no es eso.

—¿Y entonces qué es, Arturo? —le contestó su madre. Y él la miró, y la vio de pronto como en realidad tal vez era: desvalida, tratando de adaptarse a su país y su época... ¡Pobre madre, pensó entonces, pobre Doña Alma de España! También ella soñaba, a fin de cuentas. Y si el material de sus sueños era de derribo ¿qué culpa tenía? ¡No le dieron otro! Con él había construido su desconchado cielo cristiano; y ahora, su paraíso pagano de papel *couché*, más accesible, más próximo, y menos exigente con sus elegidos.

—Mamá... ¡estaré más tiempo contigo! ¡Me ocuparé más de ti! ¡Haremos cosas juntos, no sé cuáles! ¡Pero no vuelvas más a esos programas!

La madre le miró, implorante. Cerró los ojos y asintió.

—Te lo prometo con una condición. ¿Me juras cumplirla?

—Te lo juro: ante la Biblia o ante el revistero, lo que tú elijas.

La madre le apretó más la mano.

—¡Cásate! ¡Aquí, con las cámaras en la plaza del pueblo! Será la última vez, la última que salga en la tele: ¡pero que sea a lo grande! Quiero ir de teja y mantilla, que me vea el vecindario y que todos me digan: «¡Alma, que suerte tienes con tu hijo!».

Unas semanas antes, Arturo hubiera sentido abrirse el suelo bajo sus pies: ahora ya, ni con tuneladora.

—Mamá... — dijo con un suspiro— Me casaré como dices.

Luego bajó para encontrarse con Amando: estaba al pie de la escalera, con sus hermanas Blanca y Rosa, su cuñado —un policía grueso y con bigotes— y su sobrino de treinta y un años, también policía. Amando y el cuñado hablaban; Rosa, que, pese a algún moretón, estaba intacta, le contaba su desgracia a Blanca, que asentía con una sonrisa. Ambas miraron a Arturo.

—Desde luego, Arturo, cómo eres... —dijo Rosa, sin venir a cuento. Pero es que ya no sabía saludarle de otro modo. Blanca, por su parte, le dio dos besos. Era la mayor de los tres, pasaba la cincuentena: y si Rosa era el apéndice fiel de su madre, Blanca era el apéndice amputado, ése que aún pica cuando no está para obedecerte. Con pelo a caracolillos, con el mismo aspecto de niña ajada que Rosa, tenía las patas de gallo de quien se ha reído mucho y no le importa que se note el resultado.

—¡Hola Arturo! —le dijo tras besarle—: puedes estar tranquilo, venir o irte cuando quieras; nosotras cuidaremos de mamá.

—¿Aprovechas y me llevas a la ciudad, Arturo?— preguntó Amando, cogiendo la chaqueta.

Y Arturo así lo hizo. Y Amando se empeñó en ir a casa de Arturo, ya que tenía no sé qué gestiones que hacer cerca de allí, y le apetecía ver su piso.

¡Qué raro es todo!, pensaba Arturo al cabo de un rato. Después de tantos años, allí estaba Amando, en su casa, tomando café. Tenía algo menos de pelo, pero no le afeaba el despeje de su frente. Había envejecido condenadamente bien, y a sus cuarenta y cinco años, conservaba un atractivo mayor que el de muchos veinteañeros. Arturo se miró a sí mismo en el espejo de refilón y no le gustó la comparación. «Tenemos la misma edad —pensó—: qué injusta es la vida... y qué injusto soy yo por pensar eso».

Amando, por su parte, miraba el apartamento con mirada escrutadora, sin duda tratando de descubrir algún elemento exótico y delator, el clásico elemento mariquita. ¿Un calendario de bomberos, un pene de porcelana sobre una repisa, tal vez?, se dijo Arturo. Era difícil encontrarlos en su piso, más propio de un solterón heterosexual y descuidado. Hasta ese momento no habían hablado más que de lugares comunes, evitando entrar al trapo del asunto, y era evidente que Amando estaba deseando entrar.

—Hacía tiempo que no sabía de ti —empezó a decir Amando—: lo último fue...

Se hizo un silencio incómodo.

—Si: aquél programa —Arturo sonrió azorado—: todos cometemos errores.

—Me alegra que lo veas así: creía que te habías vuelto definitivamente loco.

«No, no es de esto de lo que quiero hablar con él —se dijo Arturo—; pero, ¿de qué, si no? ¿De qué voy a hablar con él, después de tanto tiempo?».

—¿Unas pastas? —ofreció, por decir algo: esperaba que no quisiera, porque se temía que estuvieran mohosas. Amando las rechazó con un gesto, y dijo:

—Arturo, me resulta muy desagradable sacar este tema a colación: no soy nadie para meterme en tu vida, y estoy invitado a tu casa. Pero; ¿te parece bien lo que estás haciendo? ¡Coño, te estás acostando con los alumnos!

Muy grave debía parecerle la cosa a Amando, cuando creía necesario un taco para subrayar su disgusto.

—Sólo con uno —corrigió Arturo—; ex alumno, además. Y soy profesor de Universidad, no de Primaria: mis alumnos son todos mayores de edad. ¡Y además, tienes razón! ¿Quién eres tú para meterte en mi vida?

—Lo siento. Me he creído obligado a decirlo; somos amigos, recuerda, y te quiero.

—¿Cómo debo entender eso? —preguntó Arturo, sabiendo de sobra, ay, la respuesta.

—Como un amigo, claro está, ya te lo he dicho.

Amando apuró la taza de café y la dejó sobre la mesilla. Con aire pensativo, encendió un cigarrillo y dio una calada.

—Siempre te he defendido de todas las cosas feas que se han dicho de ti. Incluso ante Amy.

—¿Amy? ¿Qué decía Amy de mí?

—Nada malo, al contrario; decía que no importaba cómo fueras. Pero yo, a mi vez, me enfadaba con ella, porque no te defendía lo suficiente; porque yo no creía que fueras como decían.

—¿Tan terrible te parecía?

—Arturo, es que... ¿porqué me lo pones tan difícil? ¿Quieres reprocharme algo?: no puedes. ¡Nunca te he hecho daño, ni a ti ni a nadie; pero tengo mis ideas, y el mismo derecho que tú a tenerlas!

—Sí, pero según ellas soy un pervertido.

Arturo decidió no hacer otra cafetera, ir directo al mueble bar y sacar los güisquis. Amando aplastó el cigarrillo contra el cenicero y encendió otro.

—Pervertido no, Arturo, sólo enfermo. Y también un equivocado. Y un cobarde.

—¿Cobarde? —Arturo recalcó, con sorpresa, la palabra.

—Sí. Seguramente te daban miedo las mujeres, esas desconocidas, y te decidiste por lo cómodo.

—¡Cómodo! No me salgas con que mi vida es cómoda.

—¿No lo es, Arturo? ¿Entonces, porqué la eliges?

—No lo es porque hay gente como tú, Amando; y porque ninguna vida es cómoda. ¿Es cómoda tu vida?

—Sí, Arturo, cada vez más.

—Pues lo voy a plantear de otro modo; ¿Es feliz?

Amando se recostó en el sofá aspirando el humo del cigarrillo.

—Arturo, nadie es feliz en este mundo: pero creo que al menos fui feliz una vez.

Lo dijo con tristeza evocadora. Arturo supuso que pensaba en Amy: parecía que el humo del cigarrillo dibujara su silueta.

—Mira, Amando —dijo Arturo, con voz irritada—; te voy a ser sincero. Me fastidia tu pose de marido abandonado. Se podía entender a los veinticinco, cuando Amy te dejó: entonces podías darnos lástima. Pero han pasado veinte años; ¡Veinte! —recalcó— ¡Si no has rehecho tu vida es porque no has querido!

—Amy se llevó esa oportunidad.

—¿Qué fue lo que se llevó? Te dejó tus veinticinco años. Estabas… ¡qué cojones, estabas como un tren! ¡Se te rifaban!

—Ya no me habla... — dijo Amando de pronto, pillando a Arturo de improviso.

«¿Se habrá vuelto loco? ¿Cómo le va a hablar si está muerta?». Pero Amando prosiguió:

—Desde que murió no me habla en sueños, ni me sonríe. Ahora la veo por la calle y me dice que no es verdad que haya muerto; que lo he propalado yo, sólo por ocultar algo inconfesable.

—¿Inconfesable, tú? Por favor… Tu secreto más sórdido es haber querido ser médico a los quince años.

—Me llama hipócrita cada vez que sueño con ella.

«¡Qué extraños derroteros está tomando esta conversación!». — pensó Arturo. Intentó reconducirla:

—No te entiendo, Amando. Hablas de la misma mujer que salió huyendo de ti la noche de bodas…; te has pasado la vida poniéndola en un altar cuando lo cierto es que ella te despreciaba. ¿Qué te pasa? ¿Eres «masoca»? Pero... no quería hablarte de eso.

Respiró fuerte para tomar aire. Efectivamente, no era de esto de lo que quería hablar con Amando; y tampoco de lo que iba a hablarle ahora, a decir verdad.

—Amando... tienes un hijo.

— ¿Un hijo? ¡Si, es verdad! —La mirada de Amando se encendió de suspicacia—. Alumno tuyo, por cierto; ¿lo has estado viendo?

— ¿Tanto te molestaría?

— ¡Arturo, tu comportamiento no es como para estar tranquilo: estás acostándote con un alumno de la edad de mi hijo!

—Sí, pero sabes que cada vez que hago esas cosas salgo en la tele. Así que mientras Fabrizia Sentraña no lo publique, es que no lo he tocado. Y, Amando, voy a ser un poco crudo, ya que estamos aquí hablando de la vida sexual de unos y de otros... ¿Tú no te has acostado con nadie en estos veinte años? Se me hace raro...

— ¿Y a ti qué te importa? ¿Te he preguntado yo?

—No, porque lo dije en la tele en horario infantil. Pero tu vida sexual no sale en los medios.

Amando permaneció en el sofá, silencioso y fumando compulsivamente.

—Diablo, diablo... —dijo Arturo al fin, creyendo comprender— creo que sí que te acuestas con alguien, después de todo...Tú te acuestas con Amy.

—Todas las noches... —respondió Amando, con voz quebrada.

Arturo se levantó y se sirvió un güisqui. Y otro para Amando.

—Amando, tanto decir de mí, y tú eres peor. ¡Yo soy gay, pero tú eres un necrófilo! Y no llevas sólo dos años acostándote con una muerta, llevas veinte. ¡Porque Amy estaba muerta para ti desde que el momento en te dejó!

—¡Eres un cerdo, Arturo! —se revolvió Amando— ¿Cómo me dices eso?

—Porque no me das pena. Tu problema es que lo tuviste todo y te quedaste de pronto sin nada, o eso pensaste, y no estabas entrenado a sufrir. ¡Bebe, que te va a hacer falta! —dijo, alargándole el vaso. Amando lo sostuvo en la mano sin beberlo.

—¿Y tú sí estabas acostumbrado?

—¡Psé!... Tampoco quiero darte lástima a ti, no creas: bastante me la tengo yo. ¡Soy un llorica autocompasivo, como dice mi buena amiga la Patata! Pero, mira, la felicidad ajena a veces nos reconforta: me gustaba verte feliz, Amando. Recuerdo que me leías los poemas que le escribías a Amy, pidiendo mi aprobación. Me los leías mirándome a los ojos, y no eras Jorge Manrique, pero derrochabas sentimiento. Yo a esa edad no escribía poemas, no tenía a quién... y cuando tuve a quién, ya no tuve edad.

—Había muchas chicas a las que hubiera encantando tener un poema tuyo.

—Sí, claro, chicas... —sonrió Arturo— A una le dediqué un soneto: fue a mi hermana Rosa, por su cumpleaños. No le gustó, no estaba inspirado... Lo que quiero decirte, Amando, es que tú viviste tu amor a la luz del día, no escondiéndote tras... — Sintió el rumor de los cañaverales, el revoloteo algodonoso de los vilanos. Los apartó de un manotazo, y prosiguió— Cuando te emparejaste lo hiciste ante todo el vecindario, que estrenó sus mejores galas: en vez de tener que irte del pueblo, cortar tu relación con los amigos de juventud, dejar de ver a tus padres y amontonar mentira sobre mentira. Y cuando Amy te dejó, tuviste también el apoyo de todo el vecindario, sin que tuvieras que tragártelo sólo, llorando ante el espejo. A ti la vida te mimó hasta que el desengaño se cruzó en tu camino; pero es que la vida es una puta, Amando, que nos lo quita todo, incluso a veces, antes de habérnoslo dado. Y lo sabemos desde siempre, pero no lo queremos creer. Nos decimos: «Conmigo no, conmigo será buena». ¡Una mierda: no es buena con nadie, esa puta zorra!

Hablaba con tanta pasión que Amando se sorprendió.

—¿Seguimos hablando de mí?

—Estamos hablando de todo, Amando: de la estafa en la que caemos todos, y en la que, encima, queremos caer. ¡Y lo queremos, porque, fuera de esa estafa tampoco hay nada, sólo el vacío! Tú llevas veinte años viviendo en él y lo has llenado con el recuerdo de una mujer que no te quiso, y que ahora está muerta. Pudiste haberlo llenado con... —sintió de nuevo el rumor de los juncos, el olor del río, el zumbar de los mosquitos; movió la mano otra vez para espantarlos—, bueno, con otra cosa, pero fue tu opción. ¡Pero te hubieras aferrado a lo que fuera, a lo primero que pasara; a una locura, a algo que no llevara a ninguna parte! ¡A una ninguna parte a la que, sin embargo, corres desesperado, porque sientes que aunque nunca llegues, la nada que te persigue es aún peor; y sientes además que es la última vez que la vida te va a estafar, y que luego ya no tendrás ni siquiera ese triste engaño para llenar el vacío que te espera!

—¿Seguimos hablando de mi? —volvió a decir Amando.

—¡Coño, Amando, sólo quieres hablar de ti!

Amando, desconcertado, se le había acercado y le había pasado la mano por la espalda, con afecto. Acostumbrado a ser el taciturno héroe de una tragedia, no sabía cómo lidiar con esta repentina heroína de melodrama.

—Arturo, estás exagerando. Aún te van a estafar muchas veces.

—¡Gracias, hombre! ¡Y tú que lo veas!

—Que sí, hombre: ¡así, así —juntó cuatro dedos, oponiéndolos varias veces al pulgar—, así vas a tener los estafadores!

Arturo le miró: la ligereza del tono le mosqueaba. Pero Amando le devolvió una mirada de comprensión, noble y directa.

—No quería darte lástima, te lo he dicho antes... —dijo Arturo— Todos navegamos en el mismo puto barco agujereado; pero no hay que derrumbarse, Amando.

La mano de Amando seguía en su hombro, apretándolo virilmente. «Quita la mano de ahí, que no soy de piedra», estuvo tentado de decir. Pero dijo en vez de eso:

—Deberías dejar esa mierda de secta en la que estás y buscarte un rollo. Estás buenísimo a tus cuarenta y cinco años, cabrón. Supongo que desentrenado estarás, pero esas cosas se recuerdan pronto. Enamórate.

—Yo estoy ya enamorado desde la adolescencia. —dijo Amando, serio, fijando en él sus ojos grises. Arturo se estremeció.

—Sí, de Amy; ¡a ésa te la saco del cuerpo con unos cuantos güisquis ya!

Llenó dos vasos y le pasó uno:

—¡Hala, bebe, señor de Winter! —Y ante la cara de no entender de Amando, añadió—: ¿Qué pasa, que nunca has visto «Rebeca»? ¡Amy no se merece que la conviertas en esa hija de puta!

Apuró el güisqui de un trago.

— Y ahora hablemos de tu hijo.

—¿Qué pasa con él?

«Que es una marica mala», pensó Arturo, pero en vez de eso dijo:

—Sé bueno con él. Supongo que te tendrá un miedo que se caga.

—¡Él no te habrá dicho eso!

—Lo digo yo, que también te lo he tenido y no eres mi padre.

Estaban los dos sentados en el sofá, muy juntos, muslo contra muslo. Amando tenía un brazo sobre el respaldo del sofá, rozando con su mano el hombro de Arturo.

—Creo que me voy a servir el último güisqui... — dijo Arturo, inclinándose a por la botella, que estaba en la mesita de café. Amando le miraba fijamente.

—¿Y por qué me tenías tanto miedo? —dijo de pronto, con un tono extraño.

Arturo rió. No fue él, sino el güisqui el que dio voz al pensamiento que tantas veces había rondado su mente:

—Porque no me atrevía a mirarte a los ojos.

—¿Por qué?

—Por si comprendías.

—¿El qué?

—¡Coño, Amando!, ¿eres tonto, o te lo haces? —apuró el güisqui de un trago. Sentía la cabeza pesada, y la lengua deliciosamente suelta—. Ya te he dicho que estás bueno: ¿qué más quieres que te diga? Eres tan serio, tan estricto, tan católico, tan heterosexual... ¿Cómo quieres que te diga que no he olvidado nunca ese río, ese olor de agua estancada, ese rumor de juncos, tu mano en la mía, lo que quizás pudo pasar? ¡Me hubieras partido la boca!

—Mírame...

Arturo se volvió lentamente y le miró: ahí estaban esos ojos grises, a un palmo de su cara; ahí esos labios que tantas veces se lamentó no haber besado. No era aquel chiquillo de quince años, ni era el hombre de veinticinco, pero el tiempo aún no lo había maltratado en exceso.

—¿Te he partido la boca ya? —dijo casi dulcemente.

—No, aún no me la has partido.

—¿Quieres que te la parta? —susurró.

—No sé... ¿Me la quieres partir?

Esto no es real, esto es el güisqui: ¿los ojos grises de Amando están rozando con sus pestañas mi mejilla? ¿Amando me está besando?

De pronto, Amando se echó sobre Arturo, aplastándolo con su peso: Arturo sintió encima el latido de su corazón, su respiración pesada, sus muslos refregándose contra los suyos. Estirando el brazo, apagó la luz.

Quedaron en penumbra.

De nuevo, la pesada silueta jadeante sobre él... Faltaban las gotas ardientes del séptimo círculo infernal, y el vapor del baño turco; los años habían acolchado un poco su cuerpo duro de atleta; pero reconoció el tacto de aquella silueta sin rostro, de su primer cuerpo, de su despertar. Y ya no hacía falta ponerle el rostro de Amando: porque era Amando.

Un viejo fue acercándose hacia ellos, y tenía la cara del lobo de los cuentos. Huyeron.

—¡De prisa, de prisa, corre, que viene el viejo maricón!

Escondidos bajo el arco del viejo puente, entre los juncos, muertos de susto y risa, se agazaparon aguantando la respiración, apretados uno contra el otro. El corazón de los dos latía muy deprisa; Arturo sentía el suyo darle golpetazos en el pecho, y también el de Amando, tan cerca. Le había cogido el brazo y no lo soltaba; Arturo no quería que lo soltara nunca.

¿Eran imaginaciones suyas o la mano de Amando, aflojando la presión, se deslizaba por su muñeca hasta posarse sobre su mano y enlazar sus dedos? Arturo se la apretó: se miraron, cogidos de las manos. Y Arturo se perdió en esos ojos grises como el remanso del río, grises como el rumor de los juncos y del agua.

—No hables... —dijo Amando.

No pensaba hacerlo: ¿pero, por qué esa orden? ¿Era para que el viejo no les descubriera? Arturo ya no pensaba en el viejo, ni Amando tampoco.

Permanecieron en silencio, rostro frente a rostro, sin hacer ningún movimiento de aproximación ni de rechazo: cualquier movimiento, cualquier palabra podría ser fatal. Arturo sintió que ése momento era un ovillo de posibilidades, y que un solo hilo de ese ovillo llevaba a donde él quería. ¿Pero qué hilo? ¿De dónde tirar?

Los labios de Amando estaban tan cerca que podían ser besados con sólo un gesto: pero ese Arturo de quince años nunca había besado a nadie. Y este Arturo de cuarenta y cinco, que veía esos labios con sólo cerrar los ojos, no podía besarlos, ni podría nunca, porque le separaban de ellos treinta años. Treinta años en los que aún había madrugadas en que le preguntaba al frío del alba: ¿Por qué no le besé? La mano de Amando acarició la suya. ¿Fue así? ¿O acaso la memoria lo ha pedido prestada a la imaginación? Arturo ya no lo sabe. Su imaginación ha vuelto tantas veces a ese nido entre los juncos...

La mano de Amando acarició, o quizás iba a acariciar la suya. Entonces los juncos se abrieron.

—¿Qué hacéis ahí?

Amando se había incorporado de repente, rechazando su abrazo. «¡Ya tardaba!», se dijo Arturo, encendiendo de nuevo, con resignación, la luz, e incorporándose. Amando se había sentado en el sofá de nuevo, y tenía la cabeza entre las manos, en un ademán desesperado.

—¡Esto no puede ser —decía—, no puede ser; te aseguro que yo nunca...!

—Nunca... —repitió Arturo—, nunca: qué me vas a decir.

Con la cabeza aún entre las manos, Amando se preguntó:

—¿Qué va a pasar ahora?

—¿Que qué va a pasar? Lo normal: te depilarás de arriba a abajo, y harás un show de transformismo con el nombre artístico de Amanda la Macha. Después saldrás a contar tu vida en el programa de Frabrizia Sentraña, junto a mi madre.

—¡No te burles!

—¿Cómo no me voy a burlar? Amando, eres tonto. Yo tampoco sé lo que ha pasado, pero supongo que serán los veinte años que llevas follando a distancia en tu cabeza con una tía que no te cogía nunca el teléfono. Igual has sentido cerca carne viva, aunque ajada y con rabo, y has dicho: vamos a ello, que hay hambre. ¡Yo qué sé! O habrás florecido a los cuarenta y cinco, o será que te van la pluma y el pelo; ni lo sé ni me importa. ¡Sea lo que sea lo que te haya pasado, mejor; te enseñará a no prejuzgar a la gente!

Amando miró a Arturo con sus ojos grises desolados.

—Para ti esto no quiere decir nada, ¿verdad?

—¿El qué? ¿El número de calientapollas que me has hecho? No me afecta, estoy curtido; además, te aviso que no te hubiera dejado que me la metieras. La primera noche siempre la meto yo.

—¡Qué desagradable eres!— dijo Amando con expresión de repugnancia.

—Y voy a serlo más.

Él mismo se sorprendió de lo muy dispuesto que estaba a serlo.

—Tu hijo es gay, como sin duda sabes. —se oyó decir— Si lo aceptas, mejor; deberías hablar con él. Aunque... —añadió, pensándolo un poco— no es que me preocupe mucho, porque me parece que si sigue siendo tan marica mala como hasta ahora, le queda poco de vida. ¡Así que mejor que no te encariñes; sufrirás menos!

Amando le miró abriendo mucho los ojos.

—¿Cómo te atreves?

—Porque te acabo de perder el miedo: tenías razón, no me has partido la boca, sólo me la has besado; pero, si te he de ser sincero, me han besado en esta vida mucho mejor. ¡Casi todos!

Amando se incorporó y se dirigió a la puerta.

—Hablaré con mi hijo. Aquí no ha pasado nada.

—Tranquilo. Estoy acostumbrado a que las cosas no pasen; el día que haga recuento de mi vida, veré que está llena de cosas que no han pasado.

«Ni pasarán»..., pensó con tristeza involuntaria mientras oía cerrarse la puerta.

Capítulo 9

Muchos años atrás, cuando Arturo tenía unos dieciocho, le había comentado su madre:

—¡Qué mona es Carmencita, qué buena chica: y de familia conocida, católica donde las haya! Fíjate que su hermano Alfredito está ya a punto de ordenarse: con esa familia daría gusto emparentar. ¡A ver si me dais pronto una alegría!

Con los años doña Alma se había desencantado de Amadita. El que ahora se hiciera llamar Amy era lo de menos, pese a no gustarle el extranjerismo; tampoco era decisivo que fuera novia de Amando, el hijo de la vecina, pues estaba convencida de que su hijo Arturo le daba cien vueltas a ese soseras y era capaz de quitarle las novias con un revuelo de pestañas. ¡Aparte de que en los tarjetones de boda, los nombres de Arturo y Amada juntos, quedarían un poquito mejor que los de Amando y Amada, que parecían un mal chiste! Lo esencial, sin embargo, es que Amadita estaba resultando algo ligera de cascos, como bien repetían todas las parroquianas de la peluquería; mientras que a Carmencita, pese a jugar con chicos desde que gateaba, no se le achacaban más revolcones que los que les daba en las clases de judo, donde ya era cinturón negro primera clase. Quizás el inconsciente de la señora supuso también que Carmencita sería una influencia sana y viril para la masculinidad vacilante de Arturo; veréis que el inconsciente de doña Alma no trabajaba bien, pero es que ella lo tenía prisionero todo el día y estaba entumecido. Su razonamiento consciente era, pues, tan sólo el de que Arturín y Carmencita hacían buenas migas; que se cambiaban apuntes; que ella iba muchas veces a estudiar a casa; y que las hermanas de él habían puesto el radar y le habían cogido la misma manía que si fueran ya cuñadas. Camino que llevaban recorrido.

—¿Se lo has dicho ya? ¡Espero que no estés haciendo perder el tiempo a la pobre chica, que desde lejos se la ve que está por ti! —decía doña Alma.

Al principio, Arturo pasaba mucho del tema, entre otras cosas porque llevaba una temporada haciendo terapia con el hermano de Carmencita, el que iba para cura. Todo había empezado dos años atrás cuando éste le había comentado:

—Yo es que para pajearme, necesito pensar en chicos o no se me pone dura; pero luego, cuando estoy a punto de correrme pienso en chicas, que es menos pecado.

—¡Pero si masturbarse es pecado de cualquier forma! —opinó Arturo, que aún iba a misa— ¿No dará lo mismo en lo que pienses? ¡Tiene que ser una putada irte al infierno por un pecado del que ni siquiera disfrutas!

—Es que sólo es pecado si lo haces con placer. —dijo Alfredito, entendido—Y si piensas en chicas no es placer, sino terapia.

De modo que Arturo se aplicó a ello, y sus compañeras de instituto nunca supieron, tan monas y finas ellas, del asco que les estaba tomando por culpa de la terapia, que consistía en pensar en ellas tres o cuatro veces al día despatarradas y enseñando una vulva que tomaba la forma de una carnosa y palpitante flor carnívora; hasta que venía Amando como un príncipe de brillante armadura, las ahuyentaba con su espada y empezaba un *strip-tease*, quitándose la armadura pieza a pieza. Pero en el momento del orgasmo y dejando caer la última pieza, Amando dejaba ver un inesperado coño, aún más enorme y hambriento que los de las chicas. Pecado no debía de ser, porque placer daba poco: tenía razón Alfredito, con eso no te ibas al infierno.

Al final, visto que la terapia no hacía su efecto, Arturo empezó a pensarse lo de Carmen: «Después de todo, me tendré que casar algún día — se decía para convencerse—, y con Carmen estoy a gusto, y a lo mejor hasta me curo». Así que, un día, se armó de valor y le preguntó a Alfredo después de una sesión de terapia entre los juncos del río:

—Oye, que estoy pensando en decirle a tu hermana que sea mi novia.

—¡Ah, muy bien! —dijo Alfredo, subiéndose los pantalones— Mi hermana es mayor de edad. ¿Qué quieres, pedirme su mano acaso?

—No, pero bueno, tú sabes lo que nos pasa...

—No nos pasa nada.

—¿Te recuerdo lo que acabamos de hacer?

—¡Eso será un problema para ti, si quieres!

—Joder, Alfredo, que llevamos ya mucha terapia para corrernos sin pensar en tíos, y seguimos en las mismas... ¿no será que lo que somos tiene un nombre?

—Yo no sé lo que somos, pero te voy a decir lo que seremos: yo un cura y tú un marido ejemplar. Y entonces, cuando quieras, te confieso.

—¡Pero tú querrás que tu hermana sea feliz!

Alfredo se desarrugó la ropa y se dispuso a salir de entre las cañas.

—Mi hermana va a ser feliz contigo, Arturo: sois más complementarios de lo que crees. Y ahora te quedas, y esperas a que salga yo primero.

Y se rió con esa risa impostada y falsa que no se le había ido de la boca desde que entró en el seminario, y que Arturo le llenaba de una extraña tristeza, porque le parecía que era otra asignatura obligatoria que les impartían junto a la teología y el latín: y que, además, no la había estudiado muy bien.

—¿En qué pensarás, Alfredo, cuando te pajees después de la ordenación? —le preguntó una vez con curiosidad sincera—: supongo que una vez hagas el voto de castidad, subirá la categoría del pecado a nivel uno, pienses en lo que pienses.

—Me aguantaré las ganas y lo ofreceré por la salvación de los pecadores.

—¿La salvación de los pecadores depende de que no te pajees? ¡Pues pequemos, que no hay salvación! —respondió Arturo, pensando: «¡Pobre Alfredo: vivirá en adelante en perpetua erección! ¿Cómo saldrá a decir misa en esas condiciones? ¡Menos mal que el altar estará delante para disimular!». Y de pronto se imaginaba el altar levitando y a las beatas gritar «¡¡¡Milagro!!!».

«¡Hermanos míos! —diría Alfredo al empezar cada misa, y su cabeza calenturienta, llena de requesón cuajado, vería los bancos llenos de tiarrones mazizos—: ¡No! —gritaría, apartando la cara y extendiendo hacia adelante los brazos— ¡vade retro, chulazos! ¡Fuera, demonios tentadores! ¡Fus! ¡Fus!». Cerraría los ojos, respiraría hondo y abriría los ojos de nuevo. En los bancos semivacíos sólo estarían las cuatro abuelas de siempre.

—Abuelas mías… —empezaría de nuevo, ya más tranquilo: pero de pronto, las abuelas se metamorfosearían de nuevo en tíos musculosos y machotes, todos con camiseta de tirantes y pantalón corto, que se multiplicarían como gremlins a remojo, llenando los bancos de la iglesia. Y mientras Alfredo balbuceaba intentando decir su sermón, todos se irían quitando las camisetas y bajando los pantalones, quedándose en bolas, y en el momento en que Alfredo les dijera con voz ronca: «daos la paz como hermanos», se echarían unos encima de otros, montando una orgía, y Alfredo se tiraría en plancha, como una estrella de rock desde el escenario, y se estamparía ante la mirada asombrada de las cuatro abuelas. ¡Y no lo podrían levantar, porque habría taladrado el piso con su erección, quedándose clavado como una chincheta!

«Tengo que controlar esta imaginación», pensó Arturo.

En la Universidad le hablaron de un *pub* al que no dejaban entrar a las mujeres: «¡Si pasas por delante, arrima el culo a la pared!», bromearon sus compañeros. En su fantasía, cuando acariciaba las sábanas frías por las noches en la habitación de su piso de estudiante, cruzaba esa puerta y había un hombre bailando en la pista, hecho con la quintaesencia de todos los hombres que alguna vez había deseado: se miraban, y todo desaparecía alrededor de ellos.

La primera vez que se decidió a ir lo encontró. Allí estaba, bailando en la pista, exactamente igual que en su fantasía, pero con orejas de soplillo: una de esas imperfecciones que añade la realidad. Le miró, se miraron, avanzaron bailando uno hacia el otro: se rozaron y se empujaron con suavidad... El de orejas de soplillo sonrió, se acercó a él, cerró los ojos y entreabrió los labios como pidiendo un beso: estaba un poco borrachín, y le apestaba el aliento a garrafón. Arturo se retrajo, el otro lo notó, y se marchó con pasos algo tambaleantes, y Arturo fue a la barra, pidió un cubata, y de pronto necesitó ese beso desesperadamente. Decidió pedírselo al camarero, que era muy guapo, y pidió otro cubata para darse valor. Y otro. Y otro. Y dos más. Y por fin se lo dijo con lengua pastosa, y el camarero, sorprendido, se echó atrás, y negó con la cabeza, riendo, con una risa que Arturo sintió que era una rendija de luz bajo una puerta cerrada en una noche de invierno, y él un perro callejero que le acercaba el morro para sentir su calor. Y se fue al váter, y acabó abrazado a la taza vomitando los cubatas: al día siguiente, pensó, ya le contarían a su madre cómo lo habían encontrado muerto, con la cabeza en la mierda, en un antro de maricones. «Si a pesar de todo sobrevivo pensó aún agarrado a la taza, entre arcada y arcada— voy a pedirle a Carmen que sea mi novia formal».

Se decidió al poco tiempo, un día en que los dos iban andando juntos desde la facultad hasta el piso que compartían con dos estudiantes más, mientras ella apretaba contra los ya generosos pechos su carpeta forrada de fotos de Sigourney Weaver luciendo diferentes modelazos: de astronauta, en camiseta sudada, en mono de mecánico, cargándose aliens con lanzallamas o manejando un montacargas en un muelle espacial. La miraba y no sabía cómo entrarle: «No es así como deberían de ser las cosas», pensó con tristeza: sin duda para otros sería menos doloroso y más bonito dar este paso. Pero aun así quería hacerlo, para no seguir siendo objeto de cotilleos y acabar como esos fantasmas melancólicos del río. Con Carmen, su vida podría ser razonablemente feliz, o tranquila al menos, y podría incluso quererla de alguna manera. Quizás pudiera acostumbrarse a su cuerpo, a su olor de chica sana y fuerte: quizás diera gusto y todo, besar su boca.

—¿Qué me miras? —preguntó ella de repente, mosqueada— me estás repasando como si no me hubieras visto nunca.

—Es que por primera vez te estoy viendo. Y me he dado cuenta de que…

Quería que sonara a amor sincero. Y era casi sincero, de las ganas que tenía de que lo fuera. Respiró hondo y lo soltó:

—… de que, Carmen, tú me gustas.

—¡Ah! —dijo ella; miró al frente y apretó el paso. «Caray, no sé si la he cagado». Apretó el paso también él para alcanzarla, pues de pronto sintió que ella llevaba bajo el brazo su tabla de salvación, y que lo dejaba a él muy detrás, con una vida de años solitarios por delante. Con su madre y sus hermanas, que le apremiarían a casarse: al principio con sana burla; luego con cierta acritud; más tarde con escama; más alarmadas cada vez, cuchicheando en la cocina y callando al oír sus pasos. Envejecería sin más compañía que los fantasmas del río entre los juncos: y un día unos jovencitos se acercarían a curiosear y huirían al ver su cara, porque sería como la del lobo de los cuentos.

«¡No será así!», pensó con resolución; y apretó el paso tras el de Carmen, que se llevaba con ella a grandes zancadas la llave de la vida, de los hijos y de la aprobación de la tribu. La desesperación le dio tal fuerza que actuó como si estuviera muy enamorado, y en ese momento él mismo se creía muy enamorado, porque tal vez el amor fuera sólo eso: las ganas locas de vivir y de huir de las sombras que acechaban fuera. Y, casi sin darse cuenta, la cogió por la cintura y la besó. Ella estaba confusa, pero no le hizo la llave de «yudo» que él esperaba. «¡De perdidos al río —pensó él—; pero no; al río nunca, al río ya no vuelvo!... ¡Que todos lo sepan: Arturo tiene novia!». ¡Su madre lo iba a saber; lo sabrían sus hermanas; tocarían a rebato las campanas de la iglesia, y el pueblo se engalanaría de fiesta! «¡Carmen —dijo—, vámonos al piso!». Ella se dejó llevar: ¡qué fácil había sido!

Ya allí, dudó qué hacer. Carmen se había dejado besar, y un caballero hubiera debido conformarse con eso el primer día: pero un joven cuya escasa virilidad iba en pregones, que acaba de ennoviarse con su compañera de piso, y que se encontraba ahora a solas con ella, se creía obligado a seguir hasta donde le dijeran basta...y sólo esperaba que ella lo dijera pronto, porque con el beso, por ese día, ya había tenido bastante. Así que la tumbó en el sofá, la magreó un poco esperando que ella le parara los pies, y de pronto ella se levantó y lo arrastró con toda su fuerza, que era mucha, al dormitorio. Arturo se asustó, porque siempre la había visto como un marmolillo, y la suponía virgen. Carmen se desnudó con mucha prisa y lo desnudó a él, se tumbó con él en la cama y se lo puso encima como si fuera un colcha para taparse; luego le cogió la cabeza con las dos manos y la hundió entre sus pechos, que le aplastaron las mejillas. Entonces, él se puso a restregar su pelvis contra la de ella, pero la cosa no se movía. «¿Qué pasa?», preguntó ella, mosqueada. «Nada, nada», dijo él, acojonado. Se le aceleró el pulso, no de deseo, sino de miedo. Repetía mecánicamente los gestos que pensaba debía llevar a cabo, y se sintió aburrido y con ganas de acabar. Le aburría ese cuerpo, esas tetas tan gordas; nunca se había dado cuenta de la cantidad de poros que tiene una piel.

«Esto no funciona — se dijo—, así que, Arturo, sal del paso como puedas, haz de tripas corazón, aguántate las arcadas y baja a comerle el coño para que al menos disfrute ella». Bajó lentamente, besando su vientre con los labios muy apretados hasta llegar abajo; olía a pescado, como siempre le habían dicho, y tenía el mismo aspecto de flor carnívora que en sus fantasías, pero aquí no estaba Amando para salvarle. Sacó la puntita de la lengua y empezó a lamer: «Cuánta cosa hay aquí. ¿Qué será el clítoris?». Menos mal que ella no podía ver su cara de asco. Pero no la oía gemir; ni siquiera respiraba un poquito fuerte. Levantó la cabeza y la vio mirando al techo con un mohín de fastidio.

—¿Qué te pasa? —preguntó.

—¿A mí? A mi nada. ¿Qué te pasa a ti?

—¿No disfrutas?

—¿Disfrutas tú?

—Mira, esto no funciona. —dijo él, levantándose.

—¿Por qué? —de pronto ella pareció preocupada, y dijo:

—¡Oye, si estoy haciendo algo mal me lo dices!

—¡No, no; la culpa es mía!

—¿Quieres que te ayude? ¿Qué quieres que te haga? ¿Qué te gusta? El la miró; parecía preguntar sin mucho interés en saberlo.

—No, no te molestes.

—No es molestia. —dijo, con cara de mentir.

—Mira, Carmen, la verdad es que... no tengo ganas.

—¡Ah! —curiosamente pareció aliviada. Se sentó en la cama, frente a él. —Pues nada, cuando quieras volvemos a intentarlo.

—¿No te habrás enfadado, verdad?

—No, ni por asomo; como soy virgen… —Calló y lo miró. Entonces le preguntó de pronto:

—¿Y tú, que? ¿También eres virgen, o has estado con alguna chica ya?

—No.— Respondió Arturo a ambas cosas.

—¡Ah, bueno! —Carmen hizo una pausa. Y luego añadió —: Es que yo, con chicas sí he estado.

—¿Qué?

Arturo tardó en entender. ¡Qué tonto!, pensó de pronto. ¡Como si no se lo hubiera estado gritando de mil maneras Sigourney Weaver!

—¿Pero no habías dicho que eras virgen?

—De polla, sí. Pero ya he refregado higo con higo. ¡No me digas que no sabías nada, si en el pueblo lo comentan hasta las marujas en la peluquería donde se hace tu madre la permanente!

A Arturo no le sorprendía nada que su madre no se hubiera enterado ni aunque se lo hubiera cantado el coro de la parroquia a cuatro voces y con acompañamiento de órgano. Conociéndola, igual había sacado en limpio que Carmen tenía buena mano para hacer tortillas. Y si su subconsciente intentaba retrucar, sacando la cabeza y diciendo: «oiga, que no es eso, doña Alma», cuatro leches y para adentro. ¡Buena era ella!

—Pues sí, Arturo, soy tortillera; ¿sabes? —seguía diciendo Carmen— Pero, me dije, tengo que probar de lo otro también para estar bien segura; ¡que después de esto, ya segurísima! ¿De qué te ríes?

Porque Arturo se había tirado de espaldas, revolcándose de risa en la cama.

—¡De que somos dos estafas! —rió, secándose las lágrimas— ¡A mí lo que me gustan son los tíos!

De pronto se dio cuenta de que nunca lo había dicho tan alto ni tan claro, ni con esas ganas. «¡Me gustan los tíos! ¡Me gustan los tíos! ¡¡¡Me gustan los tíooooossss!!!», tuvo ganas de gritar.

—¿Y entonces qué estamos haciendo? —se enfadó Carmen— ¡Me has estado utilizando!

—¡Anda tú, mira ésta!; ¿y tú qué hacías conmigo?

Y los dos se echaron a reír, desnudos aún como estaban, y se abrazaron riendo y rodaron por entre las sábanas, y tanto rieron y rodaron que no oyeron rodar también la llave de la casa, ni abrirse la puerta, ni aparecer la madre y las hermanas de Arturo con un *tupper* de comida ante la puerta del dormitorio abierta, y con los ojos aún más abiertos que la puerta; justo ése día, y no otro, lo habían elegido para hacerle una visita en su piso de estudiantes... Arturo corrió en bolas a recoger sus pantalones, en medio del comedor, mientras Carmen se escondía bajo las sábanas.

—Desde luego, Arturo, cómo eres... —dijo Rosa.

Al sábado siguiente fue a casa. Llegó a la hora de comer; las hermanas ponían la mesa, mientras la madre estaba en la cocina; ninguna de las tres respondió al saludo de Arturo. Por fin, tras un largo rato en el corredor de la muerte, su madre le llamó:

—Carmen es una chica decente. —le dijo, sin mirarle, mientras probaba el caldo y rectificaba de sal— Supongo que estará muy enamorada, porque sólo el amor o el dinero hacen que una mujer pierda así el recato; ¡y tú, dinero no tienes! No la dejarás tirada; cumplirás como un hombre. Mañana hablo con sus padres.

—¿Hablar de qué? —preguntó Arturo.

—¿De qué va a ser? ¡De la boda!; cuanto antes mejor, por si la has embarazado.

—¡Mamá, te aseguro que no! —dijo Arturo, con aprensión; no creía que sus espermatozoides se tele-transportaran. Pero, por si acaso lo hacían, confiaba en que el óvulo de Carmen, lesbiano a fin de cuentas, no iría a dejar entrar ni uno, haciéndolos rebotar como contra un balón de goma.

—¿Y tú qué sabes? Pero, aunque así fuera —añadió su madre, con cara de no creérselo—, habréis de casaros de todas formas. ¡No es una cualquiera para que la trates como un trapo; merece el mismo respeto que tus hermanas! ¿Querrías que a ellas les hicieran eso?

—Si lo disfrutan... —dijo, sin pensar.

La madre le miró meneando la cabeza con reprobación.

—¡Hombre, al fin! ¡Todos sois iguales! —Y sin embargo, pareció que su subconsciente hubiera deseado durante mucho tiempo decir eso; ¡ay, ése subconsciente de la señora Alma, qué lejos hubiera llegado si le hubiera dejado trabajar un poco!

—Para vosotros es un desahogo —siguió diciendo—: y no entendéis que una mujer se entrega con el corazón. ¡Para nosotras no es nunca un juego!

—También las mujeres lo hacen por gusto...

—¡No! O por amor o por dinero. Por gusto nunca. ¡Qué poco sabes de mujeres!

—¿Y las que practican el amor libre? ¿Eh?

—¡Pobres tontas engañadas! Eso se lo han metido los hombres en la cabeza. Pero el amor no es nunca libre. ¡El amor es lo menos libre que hay!

«El amor es lo menos libre que hay», se dijo Arturo...

Era la primera cosa inteligente que le oía decir a su madre.

Tal vez doña Alma no estuviera del todo convencida de dejarlo estar, pero estaba claro que su subconsciente le susurraba que lo hiciera. Se lo decía bajito y cagado de miedo, pero por una vez doña Alma le hizo caso. Ay, pobrecito subconsciente de doña Alma, qué lejos hubiera llegado si tan sólo le hubieran dejado un día de permiso...

Capítulo 10

Arturo se puso las gafas para mirar el folleto: «Cristo te ama: ama tú a todo Cristo»; y lo firmaba una tal «Congregación *Vermis Dei*», que anunciaba para el sábado una reunión con charla y canapés.

Se lo había puesto en la mano un jovencito con sonrisa de flipado cuando Arturo se había acercado, junto a David, a mirar a un grupo de mimos callejeros que actuaban en la plaza. Los dos, David y Arturo, iban cargados con bolsas de ropa nueva que acababan de comprarse.

—Las sectas proliferan como setas. —comentó Arturo, levantando la vista del folleto: en ese momento, de entre el grupo se les acercó un hombre con camisa de manga corta que revelaba una buena musculatura. Les saludó afectuosamente. Arturo tardó en reaccionar: era Amando.

—Hola, Amando. —dijo al fin.

—Hola, Arturo. —le respondió éste. Luego se volvió a David:

—Hola... —y se interrumpió, chasqueando los dedos, intentando recordar su nombre—, esto… esto…

—David. —respondió éste, seco— Esto es David.

Amando pareció confuso.

—Sí; perdona. ¿Qué hacéis aquí?

Arturo no podía evitar repasarlo de arriba abajo. Y se dio cuenta de que David también.

—Nosotros venimos de compras. —contestó Arturo— ¿Y tú?

—¡Ah, pues aquí, con estos chicos! De misiones.

—De misiones... —repitió Arturo— ¿Aquí? ¿En la plaza?

—Si, ¿verdad? Suena un poco raro.

Arturo oyó entonces a su espalda:

—La gente oye esto de las misiones y piensa en África, negritos y tal.

Giró en redondo. ¿Negritos y tal? Había algo de jovialidad impostada en la voz que le chocaba: Parecía un cura. Parecía Alfredo.

Era ambas cosas.

—¡Dichosos los ojos, Arturo! —exclamó Alfredo, y estampó en sus mejillas dos besos babosos— Ya he visto que te sorprende nuestra actividad misionera. Y sin embargo, en nuestro primer mundo la gente está aún más necesitada de recuperar la palabra de Dios: así que, con permiso de la diócesis, Amando y yo hemos puesto en pie este grupo de voluntarios laicos que se dedican al apostolado urbano. Vamos por todo el barrio repartiendo folletos y predicando. Y todos los sábados por la tarde tenemos unas reuniones muy divertidas, ¡ya lo habrás visto en el folleto!

—Sí, ya lo he visto... —dijo Arturo— Charla y canapés.

Se detuvo a mirar al grupo de jovencitos con guitarras, uno de los cuales sermoneaba, con un micrófono en una mano y una biblia alzada en la otra.

—Misioneros por el barrio... ¿Y no os flechan los salvajes?

—¡Qué cosas dices, Arturo! —rió otra vez Alfredo— ¡Qué gracia has tenido siempre!

—Oye —interrumpió Amando—: ¿vais en coche? Porque me podríais dejar donde vivo.

—Es que nosotros vamos a casa...

—Bien, yo vivo justo al lado. ¡Somos vecinos!

—Anda... ¡Qué bien! —murmuró Arturo, sin parecer sentir alegría alguna.

—Pues me podéis llevar a mí también, que voy de camino— gorjeó Alfredo.

Arturo se limitó a encogerse de hombros.

Así que empezaron a caminar los cuatro hacia donde estaba aparcado el coche de Arturo: éste y David iban un poco adelantados.

—Escucha... —susurró David al oído de Arturo— ¿No los subiremos, verdad? Nos van a dar la vara todo el viaje.

—No seas maleducado: no podemos negarnos. —respondió Arturo. Pero David tenía parte de razón. No en lo que tocaba a Amando, que estuvo callado como un muerto todo el trayecto; pero Alfredo, sí les dio la vara:

—La peña está muy mal, Arturo —empezó a decir desde el asiento de atrás—: la peña está muy mal y necesita recuperar el camino. —Alfredo señaló con un ademán a los transeúntes— ¡Mira qué caras de angustia!

Arturo los miró.

—Hombre, Alfredo, pues no van riéndose porque parecerían todos tontos. ¡Pero dales fútbol y ya no necesitarán el cielo!

—Arturo... ¡Jesucristo me dado la felicidad! —exclamó entonces Alfredo, con sonrisa untosa.

«Podría haberte dado un cerebro, ya de paso, como hizo el Mago de Oz al espantapájaros», se dijo Arturo.

—Jesucristo es un amante que no te abandona —añadió Alfredo, con pasión—: te sigue por toda la eternidad hasta después de la muerte.

Ahora Arturo vio a David poner los ojos en blanco. Le posó la mano en la pierna para que se mantuviera callado, aprovechando una parada en un semáforo.

Amando, por su parte, se removió en su asiento, nervioso por la comparación. «No le ha gustado lo de que Jesús sea amante de Alfredo. Pues hijo, es lo que hay: hasta Dios sale del armario».

—Fuera de Él no hay amor... —siguió Alfredo. Amando entonces le interrumpió bruscamente, asintiendo y musitando como para sí:

— Es cierto. Sólo sucedáneos con fecha de caducidad, que te dejan la boca amarga.

«Qué me vas a contar tú de sucedáneos caducados. Aquí al lado llevo sentado el "Mentolín", para quitarme el mal sabor de boca que me dejaste». —pensó Arturo con amargura.

El coche se puso de nuevo en marcha. Arturo sintonizó la radio intentando acallar a Alfredo. Pero Alfredo elevó la voz desde su asiento:

—Tú tienes algo ahora que satisface tus instintos, pero… ¿cuánto te va a durar?

Arturo por una vez leyó en la mente de David como si fuera un letrero: «¿Algo que satisface los instintos? ¿Eso va por mí? Ahora va ser cuando le inflo a hostias y descubre que le gusta».

—Y, hablando de todo un poco… —respondió Arturo para salir al paso y atajar— ¿A ti cuánto te va a durar el sermón? Porque ya que te he subido a mi coche, creo que lo menos que podrías hacer es no chincharme. Las cosas duran lo que duran, luego la vida misma se acaba, y a otra cosa.

—¡Exacto, Arturo, tú lo has dicho, a otra cosa! Pero; ¿Qué cosa espera al que no se ha ocupado del alma?

—Yo me ocupo de mi alma y está cojonuda, gracias.

—¿En serio, Arturo? ¿Te has parado a pensar? Tu alma es inmortal. Ahora está bien dentro de un cuerpo satisfecho, pero… ¿qué hará cuando, sin cuerpo al que asirse, vague por la eternidad? No habrá quien le de calor. ¡Sólo Cristo! Y sólo las que le han amado podrán unirse a él y gozar su abrazo. Las demás gemirán fuera de frío, y no podrán calentarse mutuamente, ¡porque las almas, Arturo, no despiden calor! No tienen manos para acariciar ni boca para besar…

—¡Oye, Alfredo, ya que estás tan impertinente, permíteme serlo a mí también! Sólo una pregunta: ¿A tí, cuando despiertas sólo por las noches, y no logras conciliar el sueño… cuando el cuerpo te da maullidos de gato en celo (porque eres como todo el mundo, y sé que eso te pasa), te da calor Cristo?

Alfredo enmudeció con expresión escandalizada. Amando, sin dejar de mirar por la ventanilla, respiró hondo y dijo:

—Arturo, el cuerpo hay que domarlo... Cuando agotas el cuerpo en sano ejercicio duermes sin pensar en otra cosa. ¡Por cierto, oye —añadió, señalando un edificio en una plaza—, aparca aquí que me bajo!

—Ya. —dijo Arturo, frenando— ¡Ya lo he entendido!

—¿El qué? —preguntó Amando, mientras abría la puerta para salir.

Arturo apoyó los codos en la ventanilla bajada.

—¡Ese cuerpazo de Schwarzenegger que se te ha puesto, pedazo de musculoca!

David se aguantó la risa. Alfredo juntó las manos y miró al cielo.

—¿Qué me has dicho?... —preguntó lentamente   Amando, deteniendo el gesto de salir del coche.

—Schwarzenegger. Terminator. El gobernador de California.

—No... —repuso Amando, muy serio— Lo otro.

—¿Musculoca? Es un compuesto semántico. De músculo y loca. Dícese de los gays a los que alguna carencia intelectual o afectiva empuja compulsivamente a los gimnasios.

—Mira, Arturo... —Amando se volvió a sentar en el coche, se inclinó hacia delante, y bajó la voz—; he procurado ser comprensivo contigo, y con la vida que has elegido. Te agradecería en justa correspondencia que no volvieras a dirigirte a mí en vuestro argot marginal.

Sonrió de nuevo y le palmeó la espalda. Salió del coche. Alfredo salió tras él.

—¡Bueno!— dijo Amando, señalando el edificio—, aquí es donde vivo.

Arturo miró. Era una mole de piedra con ventanas enrejadas, adosada a una iglesia de fachada barroca, sobre cuyo portón una hornacina albergaba la efigie de una monja en delantal. Arturo reparó en que la imagen llevaba en la mano izquierda un cubo de fregona, y en la derecha esgrimía un mocho en ristre, como una lanza. En una placa junto a la puerta se leía: «Real Convento de Esclavas Fregatices de la Santa Casa de Dios. Orden encargada de los servicios de limpieza del Vaticano desde 1600».

—¿Esto no es un convento de monjas? —preguntó Arturo.

—¡Si, lo era hasta hace poco! —respondió Amando— Pero las últimas monjas que quedaban lo abandonaron hace unos tres años.

Arturo recordó haberlo leído en el periódico: a raíz de una disputa sobre cómo colocar un centro de flores ante el altar de su patrona Santa Pulcra, una monja de setenta y seis años le había dado a la superiora, de ochenta y dos, una tunda con el candelabro del cirio pascual hasta que se le cansaron los brazos, tras lo cual la subió a rastras al campanario y desde ahí la tiró a la calle. Afortunadamente se quedó enganchada por los hábitos en el mocho que esgrimía la Santa Pulcra de la hornacina, donde permaneció hasta que fue rescatada por los bomberos. La superiora acabó en el hospital y la otra en el manicomio, y como eran las únicas monjas que quedaban, el convento se cerró.

—Ahora, la diócesis permite a nuestra organización misionera utilizar el convento y la iglesia adyacente. —continuó diciendo Amando—. Así nuestros misioneros laicos tienen un techo... Y bueno, yo me despido ya. Ha sido un placer, Arturo.

Alfredo se escabulló por la puerta de la iglesia sin estrechar la mano a Arturo. Fue Amando que se la estrechó, a él y a David.

—Ya sabes dónde estamos si un día quieres venir a vernos. ¿Tienes el folleto? Pues ahí te apunto mi teléfono.

Arturo siguió conduciendo, con David a su lado. Por fin, tras un largo rato David le dijo:

—No quiero volver a ver esa cara.

—¿Qué cara?

—¡La que se ha puesto desde que has visto a ese meapilas de los huevos! Te has quedado triste...

—No... Triste no: pero no me gusta verlo tan tonto, desperdiciando su vida. Aunque supongo que lo mismo pensará él de mí.

—¡Lo que piense él de ti me importa una mierda! A no ser que...

Calló. Arturo esperó un rato a que continuara.

—¿A no ser que qué...?

—Si esa mística viniera y te pusiera una mano así... —murmuró David al fin, poniendo una mano en su muslo. Calló y se le quedó mirando.

Arturo sintió que sin querer el vello se le erizaba: se excitó, pero no tanto por la mano de David sino por la de Amando, evocada en su pensamiento. David seguía con la mirada fija en él.

—Ya veo... —concluyó al fin, despacio— Te echarías a su cuello.

—¡Para morderlo!— rió Arturo, sin ganas: y no sonó como quería.

—Sí. —respondió David— Para morderlo... — Calló otro rato y luego añadió:

—¿No me dijiste que estuviste enamorado de él?

—¡Caramba, David! ¡Fue a los quince años!

—Fue tu primer amor, me dijiste. Y eso estará siempre ahí; ¿no?

—¡Pues no! El tiempo todo lo erosiona. ¡Y además, nunca hicimos nada!

—Peor aún: las espinitas clavadas salen años después.

Arturo estaba harto. Este niño tiene rayos equis en sus verdes ojos, pensó.

—Oye: ¿se puede saber qué te pasa?— protestó— Fue en el siglo pasado, yo tenía quince años, y Franco ni el rigor mortis. Yo me creía el único maricón de la tierra: quería enamorarme de alguien, y lo tenía a él a mano. ¡No iba a quedarme esperándote a ti, porque...!

No quería decirle a David que era porque le faltaban diez años para nacer. Que hiciera él la cuenta si quería.

—¡En fin, que ahora te tengo a ti!— dijo, para zanjar la cuestión— ¡Te doy albricias: eres el elegido! Y no se puede amar a dos hombres a la vez y no estar loco.

—No sé si se puede o no: ¡pero si uno de ellos soy yo, no se debe! Así que la próxima vez que se te acerque estando yo delante, le dices: hola y adiós. ¡O te acordarás de mí!

—¡Vaya, estás hecho un Otelo! —dijo Arturo, guasón, y encantado de oírle— ¿Qué me harías?

—Dame tiempo. ¡Se me pueden ocurrir muchas cosas! —respondió David.

Al cabo de otro rato de silencio, cuando Arturo ya pensaba en esas muchas cosas que David iba a hacerle, éste añadió, como rumiándoselo:

—Además, es pasiva.

—¿Quién? —preguntó Arturo, volviendo en sí, y sin comprender— ¡Ah, Amando! ¿Pero, qué dices?

—Todas las musculocas en el fondo son unas moñas.

—¡Vaya teoría! Para empezar, Amando no entiende. Y por otra parte, el desprecio al pasivo es homofobia. ¡Y cuando lo hace un gay, se llama homofobia interorizada, o endohomofobia, si quieres decirlo en técnico!

—Mi profe se ha mosqueado... —rió David, acariciándole el muslo— No seas tonto, que ahora cuando lleguemos a casa verás que las pasivas me encantan.

—¡Mira, macho de pacotilla, yo no soy pasivo! ¡Soy versátil! Y de hecho, era activísimo antes de conocerte. Contigo no, porque no puedo; porque eres un estrecho de culo, de los de ¡ay ay ay me duele, sácala, sácala! Y uno se amolda al final; ¡Qué remedio! En una relación alguien tiene que ceder.

—¡Anda, qué generoso! Ahora resultará que sufres...

—¡Pues sí! Te sufro en silencio como a una hemorroide.

—¡Ah, pues por mí no lo hagas!

—¡No, no lo voy a hacer más! Es más, en cuanto lleguemos a casa te voy a dar la vuelta.

—¡Como que me voy a dejar!

—¡Y tanto! Aunque te tenga que atar a la cama.

—¡Mmmmm! ¿Tú y cuantos más?

—Igual llamo a unos conocidos y te violamos en grupo.

—Vale. ¿Puedo elegir?

—¡No! Elegiré yo: a la Patata, a la Carrá, a la Sara, a Cruella, a Perdita...

Iba a añadir a Baby Jane, pero era imposible imaginarla violando a nadie salvo que el abducir a un hombre con el culo se entendiera por violación.

—Entonces me vas a tener que drogar. —dijo David.

—Drógate tu sólo, corazón, que yo no hago ese gasto.

Habían parado en un semáforo, y Arturo le pasó la mano por la espalda. La fue bajando hasta metérsela debajo del pantalón y tocarle con los dedos el nacimiento de la raja del culo.

—Te estás equivocando, tonto —dijo David—: ¡el paquetón está delante, que es lo que quieres tocar de verdad!

—¡Sí, sí!... Tú espérate a que lleguemos a casa, bonito.

Unos días después, Amando estaba trabajando en su despacho, que había pertenecido a la superiora de las Fregratices. Un cooperante le había anunciado que tenía visita, y luego se había retirado: vio una figura recortarse en la puerta.

Amando levantó la vista:

—¡Ah, hola, pasa!... —dijo, intentando recordar— esto... —y chasqueó los dedos.

—David. Esto se llama David. —respondió el visitante.

—¡Eso es, David! Perdona. Siéntate. —y le señaló una silla— Estoy acabando de arreglar unos papeles. Toda la organización de *Vermis Dei* pasa por mis manos.

—Te acabarán canonizando.

— ¿Por... ?

—No sé... —David se encogió de hombros— El premio por montar algo, ¿no? El Opus Dei, los legionarios de Cristo... ¡ah, bueno, ésos no!

—Esto es una cosa más modesta. —dijo Amando, ordenando los papeles— Son sólo unos pocos jóvenes cristianos de base, que se limitan a recordar a otros como ellos, usando su mismo lenguaje, que Dios no les ha olvidado.

Guardó los papeles ya ordenados en un cajón.

—Bueno, ya estoy contigo. Dime; ¿qué te trae por aquí? Me ha sorprendido verte.

David se quedó callado un rato, sentado enfrente de él con las piernas muy abiertas y una mano descansando distraída sobre la ingle. Clavó en él sus ojos verdes. Notó entonces cierta turbación en Amando. Por fin dijo:

—Quiero confesarme.

—Estas de broma, supongo. —respondió Amando, mirando hacia otra parte— No soy cura. Además, creo que tú prefieres confesarte por televisión.

Siguió un silencio. David seguía con los ojos fijos en Amando. Por fin éste apoyó los codos sobre la mesa y el mentón sobre los pulgares.

—Lo que podemos tener es una charla de amigos...

David sonrió con chulería.

—Tú y yo no somos amigos, padre Amando.

—¿No? Yo trato de ser amigo de todo el mundo. Pero, en fin... —Quitó los codos de la mesa y tamborileó con los dedos en ella—. Dime entonces sin más preámbulos a qué has venido.

David seguía echado hacia atrás en su silla, casi como si fuera a desperezarse. Y sus ojos verdes seguían fijos en Amando.

—¿Por qué le diste tu teléfono a Arturo?— soltó por fin.

Amando pareció sorprenderse.

—¿Y por qué no había de dárselo?

—¿No querrás convertirlo?

—¿Convertirlo en qué? —Amando rió e hizo un gesto con la mano como si espantara esa idea—: Arturo es adulto, lleva la vida que ha elegido. ¡Yo no convierto a nadie! Tengo un mensaje que compartir, lo doy a quien lo quiera, y cada cual hará lo que le venga en gana.

— ¿Y a ti, qué es lo que te viene en gana hacer con Arturo?

Amando se puso serio de pronto. Pareció despojarse por un momento de su jovialidad calculada.

—Oye... —dijo mirándolo con gravedad— ¿De qué tienes miedo?

Quedaron los dos mirándose un buen rato.

—Si es de lo que pienso, yerras el tiro. —murmuró Amando al fin— Busca por ahí afuera, por esos otros lados por donde os movéis.

David se levantó y se puso a medir la habitación a grandes zancadas, con las manos en los bolsillos. Amando le siguió con la mirada: finalmente sonrió.

—Ya lo veo: esta vida no te ha dado la felicidad, ¿Eh? Supongo que has acabado asqueado, harto de salir por las noches buscando algo que no encontrabas y volver con el sol en la calle y el vacío en tu interior; supongo que conociste a Arturo y se te abrió el cielo, y te sentiste seguro y feliz... Pero ya no lo estás tanto. ¡Desconfías! ¡Desconfías de todo!

Se levantó y avanzó hacia David, que se había detenido en medio de la habitación con las manos en los bolsillos y la cabeza gacha.

—Pero no debes desconfiar de mí. —dijo, poniéndole una mano en el hombro.

David seguía silencioso y cabizbajo. Amando le pasó cariñosamente la mano por la espalda.

—Mira, podrías venir a alguna de nuestras reuniones. Viene mucha gente de tu edad, gente joven y muy divertida. Hay chicos y chicas, se cantan canciones, se toca la guitarra...

De pronto calló. Se dio cuenta de que no había dejado de acariciarle la espalda mientras hablaba. Se separó con un movimiento crispado. David se volvió lentamente. Levantó la mirada y sus ojos le penetraron.

—¿Tengo motivos para sentirme inseguro de Arturo?

Amando se había vuelto a parapetar rápidamente detrás del despacho, y fingía revisar papeles.

—Hombre... ¡tú sabrás!

—No sé. Arturo es bastante atractivo... —dijo David, caminado hacia él con las manos en los bolsillos. Se detuvo a su altura—. ¡Pero yo también lo soy! ¿No?

Amando levantó la vista de sus papeles.

—Puede... Eso lo tendréis que arreglar vosotros. Y ahora, si no te molesta...

Señaló los papeles como diciendo; "tengo trabajo".

David no se movió. Amando le tenía tan cerca que le parecía sentir su calor.

—Dime, Amando... ¿De verdad te basta la gimnasia?

—¿Eh? —Amando levantó la cabeza.

David, con las manos en los bolsillos, oscilaba lentamente las caderas.

Fue muy instructiva la charla del otro día en el coche —continuó David—: gimnasia para la castidad... Quizás debería apuntarme a un gimnasio.

—¡Pues sí, no sería mala idea!... Hombre, sería preferible que te apuntaras a *Vermis Dei*, pero un gimnasio tampoco está mal...

David se inclinó hacia él.

—¿Tú crees que me hace falta?

—Eh, bueno… ¿En qué sentido?

—¿Tú cómo me ves el cuerpo? ¡Mira, toca —le cogió la mano y se la guió—, toca mi cintura!

—¡Ya está bien —gritó Amando, levantándose bruscamente—: hemos hablado ya todo lo que habías venido a hablar! ¿Te quieres marchar, por favor? —David se le acercó a Amando hasta arrinconarlo contra la mesa; lo cogió de la hebilla del cinturón y tiró de él, acercándole la cara hasta juntar los alientos.

—¡Haz el favor de no tocarme! —dijo Amando— ¿Me oyes?

—Si. A ti sí. ¡Pero oigamos lo que dice éste! —Y le echó mano a la entrepierna—. Vaya... Éste dice otra cosa: ¡tu cuerpo no te obedece!

—¡A mi cuerpo le mando yo!

—¿Y quién eres tú? Vamos a verlo.

Entonces le besó, y Amando abrió la boca para recibir el beso: fue un beso largo, que duró hasta que David retiró la cara y dijo sonriente:

—¡Caramba, qué sorpresa! ¡Esa lengua sabe jugar!

—No es el primer beso que recibo —contestó Amando.

—¿De un hombre tampoco?

Amando permaneció callado. Por fin dijo como para sí mismo:

—Al otro no le gustó: según parece, le habían besado mejor.

—¿Fue el único?

—Si, el único, y tuve bastante. Ya supe de qué va esto.

—No. —negó David, sonriendo. Su brazo le rodeó la cintura y lo atrajo hacia sí—: No lo sabes. Y yo te lo puedo enseñar.

Mientras la lengua de David recorría su cuello, Amando gimió:

—Le estás haciendo daño a Arturo.

—¿Sí? ¿Dónde está él? Aquí no lo veo.

—¡Me estás haciendo daño a mí!

—No. Nunca hacemos daño a nadie. Sólo a nosotros mismos.

Los labios y la lengua de David fueron bajando por todo el cuerpo de Amando hasta alcanzar su entrepierna. Entonces se arrodilló y empezó a desabrocharle la hebilla del cinturón.

—Cierra la puerta al menos... —susurró Amando.

—¿Ya no quieres que me vaya? —David sonrió.

—No sé lo que quiero.

David se incorporó.

—Voy a cerrar la puerta: dentro o fuera. ¡Tú decidirás!

Se incorporó y avanzó lentamente hacia la puerta y puso la mano en el picaporte. Entonces Amando con un gemido casi inaudible le dijo:

—Ciérrala y ven.

David sonrió y echó el pestillo.

—¿Qué hacéis ahí?

Apareció un hombre mayor. «Mayor —pensaba Arturo con melancolía—, aunque ahora lo veía muy joven. Tal vez tuviera veinticinco años; sin duda no más de treinta». Un hombre cetrino, delgado, bronco, con una barba dura en sus mejillas huesudas. De una ojeada que lo abarcó todo, Arturo vio el barro en los zapatos, un camisa a cuadros desabrochada, y asomando por ella un vello hirsuto entre el que pendía una medalla de la virgen; cejas gruesas, pelo oscuro, ojos negros y ardientes en donde Arturo vio bailar las sombras. Sintió cómo se encogían sus corazones, sí, ambos corazones: el suyo y el de Amando.

—¡No hacemos nada! —contestó.

—¡Maricones! ¡Sois unos maricones!

Callaron, cogidos en falta: Arturo esperaba que Amando protestara, pero Amando miraba al hombre, silencioso. Y entonces el hombre se inclinó sobre ellos dejando cerrase los juncos tras él. Arturo sintió como en un mal sueño, una mano ancha, callosa, meterse bajo el cuello de su camisa, y acariciar su pecho de adolescente. La sintió como el roce de una herramienta. Petrificado, no se atrevía a moverse: oía la respiración pesada del intruso y la entrecortada de Amando, y como fondo, la fanfarria de timbales de su propio pulso, retumbando en su cabeza. Amando apretó más fuerte la mano de Arturo. El desconocido les miró a ambos.

—¿Sabéis lo que es ser maricón?

Asintieron los dos, temerosos. ¿Temerosos? ¿O expectantes?

El hombre negó con la cabeza.

—No, no lo sabéis.

Se inclinó sobre Amando. Arturo querría protestar, defender a Amando, gritar: pero estaba fascinado. Amando, inmóvil, cerró los ojos: su mano seguía apretando la de Arturo, con tanta fuerza que se volvió blanca.

Treinta años después, Arturo abrió y cerró la mano varias veces para reactivar la circulación.

Se sorprendió al descubrir la erección de Amando. La cabeza del hombre se inclinó, con la boca abierta.

Y entonces, Arturo reaccionó. Sintió de pronto el hedor del agua estancada, el zumbar de los mosquitos, el bullir los inmundos bichejos entre las cañas podridas; sintió lo gris del día, lo sórdido de la escena: y se levantó de golpe.

—¡Vámonos! —suplicó a Amando.

Amando lo miró. Al hombre no parecía importarle lo que ellos decidieran.

—Quédate. —fue la respuesta.

—Me voy. Vente conmigo.

—Luego...

Arturo volvió la cabeza por no seguir viendo aquello y musitó: «como quieras». Y se alejó a zancadas, hundiéndose entre el barro de la orilla, flanqueado de sombras: sorbiéndose las lágrimas.

Al día siguiente buscó a Amando, y su madre le dijo que estaba enfermo: una enfermedad extraña, cuyo único síntoma aparente era el deseo de rehuirle. Cuando por fin pudo verle, Amando cortó todo intento de rememorar lo sucedido: «Esto no ha pasado», dijo. Nunca pasaba nada con Amando.

Durante muchos días pensó con rabia y amargura que si ese hombre le hubiera metido a él la mano en la bragueta estando Amando delante, le hubiera partido la boca. Y durante las noches su mano recorría su cuerpo evocando lo que tal vez estuvo a punto de pasar entre Amando y él, como un enamorado convoca al fantasma de su amor... Y sus compañeras de instituto ya podían dormir tranquilas, pues no acudirían más a despatarrarse en su fantasía con sus vulvas enormes y dentadas. Ya sólo estaba Amando, por siempre, en su fantasía. Nunca más saldría de allí para volver al río. Nunca con él.

David se incorporó: sentado en el suelo acarició el pecho de Amando, que yacía a su lado, sudoroso y jadeante.

—La próxima vez en tu cama, ¿eh?

Amando se incorporó a su vez y buscó su ropa.

—No debiera haber una próxima vez. —dijo, sin convicción.

—¿Ya te arrepientes del pecado? —había un matiz de desprecio en la pregunta.

—No... No es eso. —Se quedó pensativo, mientras se ponía los pantalones—. No ha sido como aquella vez en el río. —dijo, hablando sólo. Y añadió, negando con la cabeza—: Esto no puede ser malo, Dios no puede prohibirlo; pero ¿Y Arturo?

—¡Y dale con Arturo!   contestó David, con un mohín irritado.

—Tendríamos que decírselo.

—Valiente tontería. ¿Para qué?

—Si va a ver otras veces habrá que hacerlo.

—Quieres que lo abandone, ¿no? —dijo David, mirándole con seriedad a los ojos— ¡Que lo deje y me vaya contigo: que tu amigo de toda la vida se quede sólo y amargado y que se sienta traicionado por partida doble! ¿Eso es lo que te ha enseñado Jesucristo?

—Me lo planteas de un modo... ¿Entonces, qué vamos a hacer?

—Mira, yo te voy a dar mi número de móvil: llámame o te llamo yo cuando sea. Quedamos de vez en cuando, y Arturo no tiene porqué enterarse.

—No me gusta esto... —murmuró Amando. David apuntó su número en un pedazo de papel. Dudó al alargárselo:

—¿Entonces prefieres que no te llame?

Amando alargó la mano para coger el papel.

—No sé lo que prefiero, pero necesito volver a verte.

David le entregó el papel, sonriendo y mirándole a los ojos. Le dio un beso rápido, con los labios cerrados, y separó el rostro antes de lo que Amando hubiera querido. Se dio la vuelta para irse pero se paró en el umbral.

—Es extraño... —murmuró como reflexionando— Hubiera jurado que eras pasivo.

—¿Que era qué? —preguntó Amando, sin entender.

—Pasivo. En la cama.

—¿Pensabas que me iba a quedar quieto, o algo así?

—No, no es eso... —David le estudió con la mirada.

«Cuánta vida extraña hay en la galaxia»... pensó: pero sintió que esa bisoñez tenía su encanto en un hombre maduro. Intentó explicarse sin caer en groserías:

—Sólo es que me esperaba otra cosa. Pero me ha gustado: has sido...

Buscó los adjetivos. Por fin encontró algo tras rebuscar mucho.

—Delicado y paciente. ¡Quizás Arturo, con todos sus años de carrera a cuestas pueda aprender algo de ti! Bueno, un beso: nos llamamos...

Capítulo 11

—Me extrañó tu llamada... ¿Desde cuándo eres tú de cenar en restaurantes caros?

La teniente Ripley señaló las copas, los manteles, los cubiertos, los camareros.

—No quería cenar en esa casa, con esa gente, con sus risas, sus canciones y sus guitarras... —respondió Amando— ¡Rompería a gritar!

La teniente Ripley le miró con sorpresa.

—No me extraña, es deprimente; pero... ¿desde cuándo te deprime a ti?

Amando se mesó los cabellos.

—¡Carmen —dijo—, necesito hablar contigo! ¡Estoy desesperado, hundido!

La teniente lo miró: ciertamente, ofrecía un aspecto horrible. Los ojos enrojecidos, la cara ojerosa y pálida, mal afeitado, la ropa arrugada... Eso era raro en Amando, siempre tan aseado y pulcro: era evidente que algo le estaba poniendo fuera de sí. O dentro de sí. Muy dentro.

—Me asustas. ¿Qué te pasa?

Amando necesitaba hablar: necesitaba abrir su alma a un amigo. Pero en los últimos tiempos no había adquirido amigos a quienes desnudar sus sentimientos; mucho menos los sentimientos que ahora tenía, y el vergonzoso comportamiento al que éstos le habían empujado en los últimos días. ¿Iba a confesarse con esas almas cándidas que compartían con él el convento? Pensó entonces en esa compañera de infancia y adolescencia, la única que podría entenderle sin juzgarle. O juzgándolo, daba igual: pero entendiéndole.

—¡Me he traicionado a mí mismo, he traicionado a Arturo; y ahora Dios me castiga!

—¡Mira, hablemos en serio, y déjate de escenas: ¿qué está pasando?!

—Arturo me odiará: y tú también.

—¡No digas tonterías! ¡No podemos odiarte: eres un pan bendito, que nunca ha matado a una mosca como no fuera de aburrimiento!

—Me he acostado con David.

La teniente Ripley puso cara de teniente Ripley: ¡de la de verdad, la que mata aliens con lanzallamas! Y Amando leyó en sus ojos que a él, se le estaba poniendo cara de alien a la brasa.

—David... —murmuró ella para convencerse— ¿David el de Arturo?

—Ése.

—Ya...

Afortunadamente no había lanzallamas en la mesa, pero Amando miró el cuchillo y el tenedor de Ripley con aprensión mientras hablaba: hasta la cuchara podría servirle de munición, conforme se le estaban poniendo los ojos. Por fin la teniente escupió tras un largo silencio:

—¡Los dos sois un par de cabrones!

—¿Ves? ¡Ya me odias!

—No, no te odio. ¡Aún no! Cuéntamelo todo, y ya te odiaré.

Tras su despedida, Amando se había pasado el día entero pensando en David. A las pocas horas le mandó un mensaje al móvil: «¿Cómo estás?». Durante toda la tarde esperó una respuesta. Miraba, de cuando en cuando, la pantalla preguntándose «¿funcionará bien? ¿Lo habrá recibido? ¿Me ha contestado y no lo he recibido yo?». Por fin, bien entrada la noche, recibió la contestación. «Estoy estudiando. Un beso».

Un beso...:« ¡Qué estudioso es! Eso me gusta».

¿Lo borraría? No, para nada: lo guardó. Al rato lo volvió a mirar: un beso... Esa palabra tenía el sabor de los labios y de la lengua de David aún calientes en su boca. Al cabo de otro rato, quiso cerciorarse otra vez de lo que decía: Un beso... Lo analizó. ¡Qué bien sonaba ese beso! Sin darse cuenta, su boca estaba entreabierta, como para recibirlo.

Al día siguiente le mandó otro mensaje: «Hola; ¿qué haces?». Sin respuesta. Nervios: «No, no voy a enviarle otro hoy, son demasiados». Se sumergió por todo el día en los asuntos de su organización, sin conseguir poner la cabeza en ellos. De pronto esos asuntos ya no le interesaban: se preguntaba qué estaba haciendo con su vida... ¿De qué le valía ésta sin un beso de David?

Durante días, mensajes incesantes, casi todos sin respuesta. Algunos, pocos, con una respuesta insípida. Todos acababan igual: un beso. Y esto le consolaba, pero empezaba a no bastarle: un beso escrito en la pantalla del móvil no era igual al aquél otro beso, del que su boca empezaba a olvidar el sabor... Sin embargo, siguió guardando todos los mensajes, y mirándolos de vez en cuando. Descifraba en ellos cosas que no decían, y siempre acababa repasando el final. Un beso, decían todos. Un beso...

Por fin recibió un mensaje distinto, cargado de promesas: «Arturo estará dos días fuera, en un congreso. Mañana te llamo y quedamos. Un beso». Amando le respondió inmediatamente: «Estaré esperando tu llamada». A la mañana siguiente se levantó pronto, hizo la cama y arregló la habitación.

La Madre Fundadora del convento de las Fregatrices le miraba con desaprobación, desde su cuadro a los pies de la cama. Pese a su educación católica jamás cuestionada, el Cristo de Amando no era el sangrante Nazareno coronado de espinas de la Semana Santa barroca, sino el de las estampitas de ojos tiernos, boquita de corazón, larga melena con planchado cuidadoso y raya al medio: por eso miraba sin poder entenderlo el ceño de esa monja siniestra que se aferraba con fuerza a su crucifijo, como a un *bazooca* con el que masacrar herejes, y de cuya boca de labios finos salía una delgada cinta con la leyenda *Memento mori*. Recordando su latín del instituto, tradujo mentalmente: «Acuérdate de la muerte».

Se acercó entonces a leer la placa sobre el marco: «Retrato Anónimo de la Reverenda Madre Nosferata de la Transfiguración, fundadora del Real convento de Hermanas Fregatices de la Plaza del Quemadero, Siglo XVII». Miró a continuación por la celosía, que daba a una pequeña plaza antigua empedrada y flanqueada por viejos edificios sin restaurar, fusión de todos los estilos que han conocido los siglos.

Amando no sabía que en aquella misma plaza se celebraban los autos de fe de la Inquisición, y que en sus piras ardieron herejes, judaizantes, alguna bruja, y también un buen puñado de sodomitas: de saberlo, habría entendido el buen palco que tenía la madre Nosferata para gozar del espectáculo. Y viendo el rostro de la Fundadora, «gozar» no es palabra elegida al azar: no hacía falta mucha imaginación para visualizarla tras las gruesas rejas, la celda en penumbra, el rostro iluminado por la danzante luz de las llamas, y un brazo bajo el hábito arremangado, con los fálicos dedos puntiagudos estimulando febrilmente el clítoris; excitada por los alaridos y la visión de tanta carne pecadora hecha chicharrones para mayor Gloria de Dios... ¡Éxtasis mayores, no los tuvo ni Santa Teresa!

Amando se miró al espejo y decidió de pronto que no le sentaba bien la ropa que llevaba, ni el corte de pelo anticuado: «Hay tiempo para pasarme por unos grandes almacenes», se dijo. Así de paso entretendría su ansiedad. Salió, se dio una vuelta por la ciudad, curioseó, se compró ropa nueva y se hizo cortar el pelo. De vuelta a su habitación, dejó todas bolsas encima de la cómoda y se tumbó en la cama: «Quizás si me llama antes de comer podríamos ir a un restaurante»... pensó. A las tres, decidió que era tarde y comió cualquier cosa de la nevera. A las cinco, por fin, envió un mensaje a David: «¿A qué hora quedamos?». Silencio. Un silencio que empezaba a inquietar, a oscurecer el día antes de tiempo, y que parecía curvar en una sonrisa los finos labios de la madre Nosferata. Por fin, a las seis, no pudo más y cogió un autobús para ir hasta la casa que compartían David y Arturo. Las persianas estaban echadas. Pensó que quizás al final David había acompañado a Arturo al congreso de marras: tal vez no tuvo otro remedio, y tal vez se hubiera dejado olvidado el móvil. Volvió a su celda y se le echó encima toda la soledad: se puso a rezar.

Esa noche los muelles de la cama empezaron a recordar por su cuenta otra noche que Amando desconocía: aquella en la que David y Gabi durmieron juntos. Y empezaron a chirriar solos, tratando de revivir su única noche dichosa, turbando con ello el sueño de Amando, de la virgen cejijunta, del santo de las llagas, y sobre todo de la Madre Nosferata que oía sus chirridos con desaprobación intensa: no decía nada, pues las monjas pintadas en los cuadros hacen voto de silencio, pero se podían adivinar sus pensamientos, tan tormentosos como el cielo que el pintor barroco había puesto sobre su cabeza.

El santo de sexo indefinido del tapiz era más comprensivo, pese al hábito pardo y a las llagas, pues en realidad no formaba parte de la decoración original: lo había bordado Amy en su internado, bajo un sentimiento de rebeldía que le había sido transmitido a cada puntada. Era, pues, un santo bastante rebotado: Amando lo había colocado allí, en aquella celda sombría, para recordar a Amy pensando que no desentonaría, pero al final desentonaba para bien, dándole cierta paz.

«Esta cama chirría sola. —pensó Amando entonces— Era lo que me faltaba para no conciliar el sueño».

Y al no poder descansar, le asaltaron recuerdos que no eran suyos, sino de la superiora: recuerdos de noches de disciplina y cilicios. El retrato de cuerpo entero de la madre fundadora, parecía crecer y cobrar volumen: en las siguientes noches de soledad y amargura, en que David no le cogía el teléfono ni contestaba a sus mensajes, empezó a sentir que la monja salía del cuadro por las noches y se acercaba a la cama. Una vez se dio la vuelta y se la encontró: era un fantasma de pintura cuarteada, acostado a su lado con la cara pegada a la suya. Olía a lluvia invernal y a madera podrida, y de su boca salía la cinta con la leyenda *Memento Mori*, que cobraba vida como una serpiente y se enroscaba en su cuello, estrangulándolo. Entonces Amando se despertaba gritando, luego cerraba los ojos y convocaba a David con la memoria; y la cama le transmitía los recuerdos dejados por Gabi cuando hizo el amor con David en esa cama, recuerdos de sexo, pasión y ternura; recuerdos que él hacía suyos, sin saberlo.

Los dos estaban ahora muy juntos: Amando sentía el calor de David rozando su piel. David se reía cuando Amando le hacía cosquillas, los dos luchaban sobre la cama, y David le inmovilizaba; sus caras se acercaban, Amando le besaba en los labios... Se desnudaban lentamente y hacían el amor en la cama de la superiora, espantando los fantasmas de tantas noches infelices, de los cilicios y las penitencias, y la siniestra Madre Nosferata ya no se atrevía a bajar del cuadro ni a rondar la cama, ni se atrevería nunca más: porque David había creado con el aura de su piel cálida un escudo protector de buenas vibraciones.

Pero llegaba el día, y con él la realidad: el móvil de David siempre sonaba sin que éste lo cogiera. Paseaba bajo las ventanas de su casa; y una de esas veces, que estaban con las ventanas abiertas y oía sus voces no pudo evitar llamarle. Oyó el móvil sonar, y a Arturo preguntar a David: «¿No lo coges?».

«¡No —oyó contestar entonces a David—, es un pesado!».

—A ver si lo entiendo... —dijo Ripley. Su mirada seguía siendo la del segundo antes de abrir la escotilla de la nave para que alien se vaya a tomar por saco al espacio exterior: «¡Y no te confíes, que me lo estoy planteando aún!», decían esos ojos—. Se presentó en tu casa a provocarte para que te lo follaras: tú te lo follaste, como él quería. Y te quedaste pillado, también como él quería. A partir de ahí, empieza a jugar contigo: te da carrete y tira del hilo a voluntad. Y te da amagos de cita para luego darte plantón, y así tenerte el día entero colgado del móvil. ¿Cuántas veces te lo ha hecho?

—Tres.

—¿Tres veces? —repitió la teniente, incrédula— ¡A mí me lo hace la primera, solamente! ¿Esta última, qué te dijo?

—Que quizás tuviera un rato para pasarse por mi casa este viernes. Siempre dice lo mismo, «quizás», «luego te llamo», «un beso»...

Al decirlo, el beso ya no parecía besar tanto.

—Y tú esta vez, imagino que ni le habrás contestado.

—Bueno... una cosa muy neutra. Le he dicho: «haz lo que quieras».

—¿Haz lo que quieras? —repitió Ripley.

—Sí, que es como decir: «haz lo que quieras, que no me importa».

La teniente suspiró, y sonó como si se hubiera abierto la escotilla de la nave. Pero Alien no salió disparado: seguía frente a ella, en la mesa del restaurante.

—Sí, pero esto último no lo has dicho. Lo que le has dicho, y él lo habrá entendido perfectamente, es: «haz lo que quieras... de mí». —Ripley sentía que estaba explicando las primeras letras a un niño retardado—. Y después de eso, ya no has tenido más noticias suyas: y te habrás pasado el día entero esperándolas. ¡No le habrás mandado ningún mensaje más, quiero suponer!

—Bueno, uno muy frío... hacia las cinco le he escrito: «Si no vas a venir, hago marcha».

—¡Olé por los hombres duros: éste es mi Clint Eastwood! Con eso ya sabe que hasta las cinco estabas pendiente de si él venía o no. Y él no te ha contestado, ¿verdad? Y tú habrás estando esperando respuesta hasta la noche... Dios mío, Amando. ¿Qué te ha pasado? ¡Si sólo habéis echado un polvo!

Amando se quedó en silencio. Carmen lo estudió con la cara con que lo haría la auténtica Teniente Ripley si descubriera asombrada que Alien era en realidad una lagartija boba, y el ácido de su sangre, jalea de fresa.

—Te ha faltado follar más en esta vida: has caído a un pozo desde la torre de tu castidad; ¿Verdad? ¡Y si ese fulano te llamara diciendo: «espérame fuera», saldrías corriendo volcando mesas y lamerías sus botas como una perra!

Amando sonrió amargamente.

—¿Ves? Veo que la idea te gusta. A ver, déjame el móvil. ¿Tienes guardado algún mensaje?

—Todos: sólo borro los que no son de él.

Carmen revisó los mensajes de David.

—Hum... este lindo gatito me está resultando una gata vieja correosa. ¡A mí me la iba a dar con estos truquitos! Trae, que le contesto. ¡Le voy a escribir yo uno, y tú se lo vas a mandar!

Amando le miró con aprensión mientras escribía.

—No lo mandes sin dármelo a leer antes, ¿eh?

—Descuida, se lo vas a enviar tú. —Le pasó el móvil, y Amando leyó: «Mira, cariño, no sé cuál es tu juego, pero conmigo te equivocas: hazme un último favor, y borra mi número de tu agenda». Lo leyó dos veces y asintió.

—¡Envíaselo! —ordenó la teniente.

—Sí, debería hacerlo...

—Deberías, no: envíaselo. Está en juego tu dignidad.

—Sí, es verdad.

Seguía jugando con el móvil en la mano, leyendo una y otra vez el mensaje.

—No lo vas a hacer, ¿verdad? —comentó la teniente, despectiva—: en realidad no quieres que borre tu número de su agenda. ¡Aunque sepas que lo tiene sólo como trofeo! Y si te llama te alegrarás, aún sabiendo que es sólo para burlarse de ti... ¡Dios mío, qué bajo has caído! ¿Sabes lo que deberías hacer? ¡Vestirte con esa ropa nueva que dices que te has comprado, ponerte una buena colonia y salir a una discoteca a ligarte un tío, o a dos! ¡Y verás que pronto te olvidas de esos ojazos verdes suyos mirando hacia arriba dulcemente mientras te la chupaba!

—Si. —contestó Amando— Se lo enviaré esta noche.

Hizo una seña al camarero.

—Por favor, la cuenta...

Carmen le miraba pagar, entre dura y compasiva: «¡Hombres! —pareció pensar—: ¡Gays o no, la polla manda!».

Si Amando hubiera visto más cine, sabría que era el momento justo en que la Reina Alien está a punto de merendarse a la plasta de la niña en *Aliens, el Regreso*: y de pronto se abre una compuerta y aparece Ripley, como un caballero de reluciente armadura, manejando un robot de carga. Y antes de empezar a repartir leña le grita a la bicha esta frase memorable: «¡Apártate de ella, puerca!».

Vaya que sí se iba a apartar. Pero ya mismo.

—Voy a comprarme ropa, David. ¿Te vienes? —dijo Carmen, jadeando. Había entrado como una tromba y sin saludar: «Yo, muy bien, gracias». —le había dicho Arturo, con retintín, cuando tras abrirle la puerta la teniente le dio casi un empujón y la vio pasar como un misil a su lado sin mirarle, directa a David como si fuera a estamparlo contra la pared.

—¡No, gracias! —respondió David, que estaba con el ordenador—: las tiendas a las que vas son demasiado masculinas para mí.

—¡Iremos a una de ropa fashion, maricona! Anda, acompáñame, que últimamente repites muchos modelos...

—¡Es verdad! —comentó Arturo—: ya no me sorprendes.

—Pero si tú nunca miras mi ropa. ¡A ti sólo te gusta quitármela!

—¡Sí, pero me gusta salir de la rutina!: decir, hoy te la saco por la cabeza, hoy te la desabrocho, hoy te la bajo por los pies, hoy te la quito a bocados... —Le dio un bocadito en el cuello—. ¡Ya sabes; anda, cómprate algo bonito que me apetezca quitarte rápido! Y así de paso te da el aire.

—¿Dónde me vas a llevar, teniente? —preguntó David a Carmen, bajando la escalera.

—¡Pues no tengo ni idea, porque sólo quería hablar contigo a solas, y no tengo espera! Así que vámonos a un sitio tranquilo, donde podamos charlar.

—Me asustas. ¿Pasa algo?

—Sí. ¡Y quiero que me lo expliques!

Así, tras salir a la calle se metieron en un bar tranquilo y se sentaron con dos cervezas en la mesa del fondo.

—¡Mira, puta —empezó la Teniente, desenfundando sin leerle sus derechos ni nada—; te lo voy a decir clarito y de una vez!: mientras Arturo no sepa nada y esté feliz, me callaré. ¡Pero como vuelvas a jugar con Amando, te corto los huevos!

David se quedó con cara Jack el Destripador, pillado con las manos en las vísceras. Al fin preguntó:

—¿Qué te ha dicho?

—¡Todo! Y he visto tus mensajes. ¡Pero qué poca vergüenza! Te habrás partido de risa viendo a ese pedazo de santurrón, loco por comerte el culo. ¿Qué te has creído, gilipollas, el rey del mambo?

David agachó la cabeza, aparentemente compungido. Carmen le lanzó una mirada carente de compasión.

—Te quedan dos días, ¿sabes? Puede que estos dos pobres maricones vean tu planta y se derritan, pero yo no. ¡Yo soy una bollera muy bollera, y a mí por mucho que me hagas un revuelo de pestañas con esos ojazos verdes no vas a impedirme que te dé una somanta si quiero!

David no replicaba nada, evitando mirar a la teniente Ripley.

—¿Sabes? —añadió Carmen— ¡A la edad que tienen ellos tú no valdrás un pimiento: tus ojos verdes no embrujarán a nadie cuando los enmarque el óvalo de sandía, la calva y la papada de tu padre el carnicero! Os he visto andar por la calle: tu padre, en un extremo, tú en el otro y tu hermano mayor, en medio. ¡Erais la imagen, congelada en tres fases, del proceso de inflado de un globo! ¡Tú estás en la fase primera, pero espera un tiempo, que si los años no te inflan, te inflo yo a hostias!

Hizo el gesto de darle la primera, y David se echó instintivamente hacia atrás. Ripley concluyó:

—Así que juega, chaval, los dos días que te quedan, pero juega en otra parte. ¡Y ahora te vas tú sólo si quieres, a comprar un envoltorio para la engañifa que eres, que yo me voy a una tienda donde no dejen entrar putas!

Se levantó, y cuando se iba, se volvió de nuevo. Aún le quedaba algo en el buche:

—No me digas porqué lo has estado haciendo, que igual no quiero saberlo. Pero no vuelvas a enviarle mensajes a ese pobre tonto de Amando. ¡No lo marees más!

Se quedó mirándolo un rato largo.

David... —le dijo al fin, como hablando para sí— yo pensaba que algún día, seguramente pronto, dejarías a Arturo. Porque es natural que pase. Porque eres joven. Porque nada es para siempre, y en el ambiente aún menos. Pero nunca creí que harías algo tan retorcido. Te voy a decir algo... —y se le acercó hasta ponerle su cara a un palmo—

: tú tampoco sabes lo que yo puedo hacerte si me cabreas. No me pidas que te lo explique, David, no me hagas gastar saliva: alquila mejor «La Matanza de Texas», que te lo describe clarito. ¡Tenme miedo a partir de ahora! ¡Mucho miedo! ¡Y tómate esa puta cerveza, que de tanto darle vueltas, la habrás calentado!

Acababa de irse Carmen, casi arrastrando a David por las escaleras, cuando Amando, tras llamar como un desesperado a la puerta de la calle, las había subido de dos en dos y se había arrojado en brazos de Arturo.

—Arturo, yo... querría pedirte perdón. —gimió con lágrimas en la garganta— Nunca fui consciente del daño que te hice...

—Vamos, Amando, a estas alturas… —contestó Arturo, separándose educadamente, mientras pensaba: «¡Cómo va hoy la gente de acelerada!».

—¡Sí, a estas alturas! —gritó Amando, dando vueltas por la habitación, gesticulando— ¡ Porque ahora estoy sufriendo el castigo! ¡Y quiero que lo entiendas y me perdones!

«Cada vez se está volviendo más teatrero. Este no es el Amando que conocí», pensó Arturo: pero sentía un hormigueo en la boca del estómago. Sacó maquinalmente los whiskys. Con Amando, por si acaso, quería whisky a mano, un sofá, y poca luz.

—Amando, tranquilo. —dijo, sirviéndole uno, que Amando cogió y apuró de un trago— ¿Qué ha pasado? Porque ha pasado algo. Nadie se levanta un día a remover estas mierdas porque sí.

Amando se había dejado caer en el sofá con la cabeza hundida entre las manos. Sin levantar la cabeza respondió:

—Porque ahora entiendo lo que sufriste, Arturo...

Arturo le estudió el rostro, tembloroso y con ojeras.

—Ya... —replicó en voz baja.

Efectivamente, se había visto de pronto reflejado a los quince años, cuando por las noches hacía el amor con la almohada y lloraba, pensando en Amando. Y se sintió triste al descubrir lo que ocurría... como si a estas alturas debiera importarle.

—Estás enamorado y está pasando de ti. —diagnosticó con voz melancólica— Como un adolescente sufriendo tu primer desamor. ¡Amando, que tienes cuarenta y cinco años! Aunque claro, con tus horas de vuelo, eres una niña con trenzas.

—Ríete, Arturo... Pero yo he venido a descargar mi conciencia.

Arturo le miró condescendiente.

—Amando, no tienes que descargar nada. A ver cómo lo explico: a mí nadie me obligaba a enamorarme. Y, desde luego, nadie está obligado a corresponder los sentimientos de otro. ¡Faltaría más! Yo te quise, tú a mí no... y se acabó. Estabas en tu perfecto derecho.

Suspiró. En voz alta, sonaba tan poco convincente como todas las veces que se lo había repetido en su cabeza.

—¡Pero tranquilízate, hombre! —reaccionó con pretendida jovialidad— No sufro por ti desde hace años. Y ahora, además, tengo a David. —calló un momento y añadió, sorprendido ante el inesperado tono hostil de sus propias palabras—: ¡Me ha sacado la espinita que tú me clavaste, te lo aseguro!

—A ver si no te la vuelve a clavar... —replicó Amando con presteza. Y ante la mirada irónica de Arturo, se apresuró a explicar—: La espinita, digo.

Arturo dio un pequeño sorbo al whisky y zanjó, con una sonrisa entre resignada y sutilmente vengativa:

—Amando, a mí David me puede clavar lo que quiera.

Media hora después Amando se había marchado sin aclarar nada y cruzándose con un taciturno David en la escalera. Ahora, sentado frente al televisor, Arturo miraba de reojo a David, que parecía concentrado en un reportaje científico sobre la Teoría de Supercuerdas explicada por el prestigioso físico cuántico Dr. Maxim O'Thoston, de la Universidad de Oxford.

—¿Te interesan las Supercuerdas? —preguntó Arturo, maravillado y casi temiendo la respuesta: igual David iba a pensar que le estaba proponiendo una sesión de sadomaso.

David asintió, sin volverse.

—Si. Está chulo.

El pobre Dr. Maxim O'Thoston parecía sufrir mucho por el bosón de Higgs: que, contra lo que Arturo creyó al principio, no era una víscera, ni una glándula, ni parte del cuerpo alguna que el Dr. Thoston tuviera dañada por los excesos etílicos al que le obligaban las noches frías de Oxford. No. Era algo que se le había caído en un acelerador de partículas suizo y lo había estropeado. Encontrar el bosón y reparar la avería le iba a costar mucho dinero a alguien, y Arturo se tocó maquinalmente el bolsillo: cuando algo costaba mucho a alguien, subía el IVA o los impuestos del tabaco. Por él le podían ir dando mucho y bien al acelerador, al bosón de Higgs y al Dr. Thoston.

—¿Quieres que cambie de canal y ponga otra cosa?

—Como quieras.

Arturo hizo zapping: Frabrizia Sentraña. Fuera. Su madre. Fuera. Jorge Gargall. Fuera. Otra mariquita mala. Fuera. Una mesa de debate de mariquitas malas hablando de él y de su madre. Fuera. Un programa literario... ¿un programa literario? Ah, bueno, presentado por la sobrina de Fabrizia Sentraña, ya le extrañaba... Arturo mantuvo el mando de la tele en suspenso, como un verdugo sostendría su hacha esperando un indulto improbable. La presentadora anunciaba que Elvis Popper iba a hablar de su libro... ¿Elvis Popper el escritor maldito del que hablaba Cruella? Prestó atención.

—¡Elvis Popper está en nuestra ciudad, y viene a nuestro programa a hablarnos de su último libro, «La motosierra de Occam»!— estaba graznando la tipa ante un montón de mariquitas con pinta de no haber abierto en su vida más libro que la guía Espartacus— ¿Qué quién es Elvis Popper? ¡Vaya pregunta!¡Un escritor maldito! ¡El más maldito de todos los escritores cuyas obras copan las páginas de las más exitosas revistas literarias!

«En los cuartos oscuros no hay tanta luz como para leer revistas de esas», pensó Arturo.

Entonces, la cámara enfocó a Elvis Popper, un norteamericano sesentón con chaqueta guarnecida de caspa o cocaína (o ambas cosas) y con todo el aspecto de ser ese vecino andrajoso que vive con su madre en una casa oscura de visillos polvorientos, y guarda bajo la cama tres o cuatro cadáveres descuartizados.

Elvis Popper explicó que escribía sobre el angustioso infierno en que vivimos.

—¿Pero qué me está contando? ¿Vive usted en un angustioso infierno? —preguntó la sobrina de Fabrizia Sentraña.

—¿Usted no? será porque no es nada en la vida. —respondió el escritor maldito, sorbiendo un moco para dentro— ¿Hay algún intelectual aquí? —preguntó, estirando el cuello— Ya veo que sí los hay, porque llevan perilla homologada y gafas de pasta. A ustedes les pregunto, pues: ¿Viven o no viven en un angustioso infierno? ¡Pues claro que sí, no hay más que verlos!

—Pero... —objetó la presentadora, que quería demostrar que se había leído al menos la solapa del libro— los personajes de su novela se pasan el día en garitos de diseño tomando gin-tónics. ¡Ese infierno no es el que me contaron los curas!

—¡Pues claro que no! —replicó el escritor con cara de ofendido.

—¿Y entonces, en dónde se apunta uno para entrar en ese puto infierno?

—Pues en ningún, lado, porque ese infierno es el del vacío interior y para tener vacío interior hay que tener posibles. —zanjó el escritor.

Pausa publicitaria.

—¿Quieres que baje al videoclub a alquilar algo? —preguntó Arturo, renunciando al zapping.

—Como quieras.

David no le había mirado ni una vez para contestarle. Desde que volvió de compras no le había ofrecido más que el perfil. No era su mejor perfil, no porque fuera malo, sino porque los dos perfiles de David eran buenos. Pero en todo caso, ya cansaba.

—¿Te pasa algo?

—No.

—¿Estás enfadado?

—No.

Arturo le miró: «Nunca sé lo que piensa». Tenía razón la Patata, le era imposible entrecomillar los pensamientos de David. Pero en todo caso, con comillas o sin ellas, era obvio que algo le ocurría... Había vuelto muy pronto y sin comprar nada, se había cruzado con Amando por las escaleras y ni le había saludado: lo único que había hecho era entrar, sentarse y ponerle el perfil a Arturo. Éste le acarició el pelo.

—¿Por qué no te has comprado nada?

El perfil de David no se movió. «Hijo... —pensó Arturo—: si lo que quieres es hacer un posado para una moneda, me lo dices y acabamos». De pronto, como si le hubiera oído, David, todo un avance, se le puso de tres cuartos y le preguntó de pronto:

—Arturo...

—¿Sí?

—¿Crees que te puedo acabar haciendo daño?

«¡Vaya pregunta! —pensó Arturo— ¡Salgo a tubo semanal de *Hemoal* y ahora le preocupa!».

Pero la cara de David estaba seria. Arturo no se lo pensó mucho: y suspiró, claro.

—David: sé que me harás daño. Lo que no sé es cuando.

David se puso otra vez de perfil. Tras dar toda la vuelta a la noria de los canales habían regresado al Dr. Thoston, que seguía y seguía con el bosón de los huevos, encantado de que al menos le estuvieran escuchando ellos dos. «¡Pues ya no más!», se dijo Arturo, apagando la tele. A tomar por culo el bosón y el Dr. Thoston.

—A ver, David: ¿qué te pasa? ¿Ha sido por Amando? No sé a qué ha venido, pero no querrías que le cerrara la puerta en las narices. ¡Por muy mal que te caiga, no nos ha hecho nada malo!

—No, ni bueno. Espero, al menos, que a ti no. —dijo el perfil.

—¡Caray, David! Si lo que te sigue preocupando es eso, tranquilízate: ha venido a contarme que se ha enamorado.

—¿De verdad? —David de pronto parecía interesado. Esta vez dio un giro de sesenta y cinco grados, y miró a Arturo de frente.

—¡Pues sí! —contestó éste— Y lo está pasando mal: la verdad es que el pobre Amando no tiene suerte en el amor...

Quiso parecer objetivo, pero sonó a: «conmigo, otro gallo le hubiera cantado». Menos mal que David parecía estar pensando en otra cosa. Y de pronto, como si viniera a cuento de algo, dijo:

—¿Sabes? Yo no soy mala persona.

—Ya sé que no lo eres —respondió Arturo, sorprendido por la salida.

—Aunque haga daño, no soy mala persona.

—David —contestó Arturo—: para hacer daño, no hace falta ser mala persona. ¡Basta con estar vivo! Empezamos haciendo daño a nuestras madres cuando nacemos, y ya a partir de ahí... cogemos carrerilla.

—¡Si pero...! —David intentaba dar forma a un pensamiento y se notaba que le costaba. Al final repitió simplemente:

—Yo no soy mala persona. —Y se quedó mirando a Arturo, clavando en él esos ojazos verdes, de un modo tan desvalido que a Arturo se le aceleró el pulso. Si pensarlo más le besó: David abrió la boca para recibir su beso. Fue un beso largo... Luego Arturo se reclinó en el sofá. David se sacó la camiseta por la cabeza y le bajó los pantalones a Arturo, con tanta violencia, que éste tuvo la sensación de que lo estaba violando.

«No, no puedo entrecomillar sus pensamientos», se dijo Arturo, una vez más, sorprendido. Tras quitarle de un tirón los pantalones y los calzoncillos, David había hecho lo propio con los suyos... cuando, de pronto, se quedó quieto mirándolo, de rodillas sobre el sofá, y dijo:

—¡No! Esta vez tú a mí.

—¿Qué? —preguntó Arturo, sin acabar de entenderlo.

—¡Que me folles! —soltó David.

—¿Estás seguro? —volvió a decir Arturo, casi con miedo.

—¡Ya tardas! —respondió David. Arturo, entonces, le dejó que se acomodara, y una vez posicionado empezó a mordisquearle el cuello. Recorrió a besos la espalda hasta llegar a las posaderas, donde se demoró dando pequeños bocados; le repasó la raja del culo, y se entretuvo dibujando el perímetro del ano con la lengua, trazando un rastro de saliva como una babosa en el cáliz de una carnosa flor. Abrió las nalgas con las manos para dejar el rosado agujero más expuesto, metió allí la lengua y campanilleó, degustándolo. David se tumbó boca abajo, con las piernas bien abiertas, gimiendo bajito y con Arturo inclinado sobre él, las mejillas constreñidas entre sus nalgas prietas. Contraía rítmicamente el esfínter, mordiendo el almohadón del sofá y clavando las uñas en el tapizado.

«¡Ya veremos cómo acaba esto!», pensó Arturo en medio del calentón. Porque habitualmente, la cosa se quedaba siempre ahí, como si en un restaurante donde uno espera hartarse bien, te sirvieran el café después de los entremeses. De hecho, lo normal después de tanta lubricación era que fuera él, Arturo, el follado en seco... Pero esta vez la cosa parecía prometer, y por eso se decidió a introducirle poco a poco el dedo corazón, tras mojárselo de saliva, y luego, el índice: los removió con suavidad hacia adentro y hacia afuera, acariciando al mismo tiempo el perineo con la otra mano. David seguía gimiendo, aunque más relajado.

—¿Quieres que te folle ya? —preguntó Arturo, con voz espesada de deseo.

—Si... —contestó David en un susurro casi inaudible, volviéndose a mirarle con sus ojos verdes turbios de excitación.

Así que Arturo se dijo: «¡Vamos allá!».

Empujó un poquito, con miedo; y el esfínter de David opuso una inicial resistencia, contrayéndose. David hizo entonces una mueca de dolor: Arturo se detuvo un momento, y luego empujó más, hasta introducir todo el glande.

—¿Estás bien? —volvió a susurrar, casi sin voz, acariciándole el pelo. Sentía latir el glande aprisionado por la tensa membrana del ano.

—¡Si, si! —jadeó David— ¡Sigue!

Empujó un poco más, y la mueca de David se intensificó. Exhaló un quejido, pero Arturo, resollando y con la cara enrojecida de pasión, ya no preguntó nada: «¡Cariño, tú lo has querido!»... pensó, y dio otra arremetida. En su subconsciente, el dolor de David le estaba produciendo un placer perverso: así que siguió empujando, sin usar toda la violencia que su cuerpo animal pedía, pero sin la pausa que hubiera exigido la caballerosidad, y los quejidos de David subieron de tono, ahogados por el almohadón contra el que aplastaba la cara.

—¡Para, para, para! —dijo, revolviéndose, con voz sollozante.

Arturo no le hizo caso. A buenas horas. En estos momentos no era Arturo. Era una polla. Y decir «para, para» a una polla en plena faena, es como decirlo a un miura que sale en tromba del toril: ¡haberlo pensado antes de torear en esta plaza, novillero! Así que se la metió, de una arremetida, hasta la próstata, haciendo que entrechocaran sus pelotas, y sólo entonces se detuvo un momento para, con su miembro bien anclado, volver a acariciarle el pelo pegado a la nuca por el sudor, mientras David, sollozando, dejaba caer sobre el almohadón un hilo de saliva.

—Tranquilo... —dijo Arturo, jadeante, con voz ronca— ¡Tranquilo! No pasa nada. ¿Ves? No pasa nada...

Los gemidos de David fueron cesando: volvió hacia él los ojos enrojecidos y llorosos. Abrió la boca y recibió la lengua de Arturo hasta el paladar: la succionó. Arturo cabalgó a David como un jinete experto, al paso, al trote, y finalmente al galope, mientras la montura, como tascando el freno, mordía enloquecida el almohadón, desgarrándolo con los dientes y masturbándose febrilmente con la mano derecha al mismo tiempo.

Llegaron al orgasmo juntos: Arturo, desparramándose en las entrañas de David como si fuera a morir en ellas; David, casi perdidos los sentidos, lanzando su esperma como un géiser sobre la funda del sofá. Derrumbándose entonces sobre el cuerpo recién poseído, Arturo aún permaneció dentro de éste largo rato, mordisqueando el lóbulo de su oreja mientras sentía su miembro deshincharse lenta y dulcemente, sin salir aún de su cálido refugio. Cuando todo terminó, y uno sobre el otro, rebozados en sudor yacían exhaustos, besándose y acariciándose, Arturo aún no acababa de creérselo.

—¿Esto va a pasar más veces, o ha sido un extra? —preguntó. Pero David no contestó: le miraba con sus ojos verdes empañados aún de lágrimas, y le besaba. Arturo, mientras, le acariciaba la mejilla y le pasaba el pulgar por la comisura de la boca: le gustaba sentir el tacto entre áspero y suave de la juvenil barba afeitada, apenas despuntando en la mejilla, y el contraste entre su aspereza y la humedad de los labios. Brillaba en ellos un hilo de saliva. Le volvió a besar.

—¿Sabes? —dijo David, de pronto— Me haces daño: ¡no eres nada delicado, ni paciente!

«¡Delicado y paciente!», se dijo Arturo. Si no fuera David quien hablaba, creería que lo había sacado de una novela. David le volvió a besar.

—Ni delicado ni paciente... —repitió— Pero me gustas.

Unos días más tarde, Amando estaba en su despacho, leyendo la vida de la reverenda madre Nosferata de la Transfiguración: la había encontrado en un cajón de la mesita de noche junto a la cama, en una edición muy vieja, con las páginas amarillas, sobadas y carcomidas por los bichos. Según pudo leer, a la Fundadora se le había iniciado al poco de su muerte un proceso de beatificación por unos supuestos milagros que habría realizado en vida, pero la cosa se había quedado en vía muerta en la Congregación de los Santos de Roma: los milagros eran por lo demás de índole bastante *gore*, pues consistían en estigmas profusamente sangrantes, levitaciones, visiones infernales que comunicaba telepáticamente a los pecadores y, como extra, en la noche de Difuntos, normalmente a hora de cenar, vómitos de gusanos en el refectorio donde comían las monjas; que así se acordaban de la corruptibilidad de la carne mortal —¡*memento mori*!— y es de suponer que de toda la familia de la Reverenda Madre — *memento mater tua*—. Enfrascado en lectura tan amena, se entenderá que no prestara atención al nombre de la visita que le acababan de anunciar, y se limitara a darle permiso con la mano.

—¡Hola, padre Amando! —dijo David, con una sonrisa.

—¿Otra vez tú aquí? —preguntó Amando, levantando la vista furioso— ¿Cómo tienes esa jeta?

David entró sin inmutarse.

—Perdóname padre, porque he pecado.

—¡Que te perdone tu abuela!

—Amando, de verdad... ¡vengo a disculparme! —dijo David, poniéndose serio — Y a explicarme si puedo.

187

—¡Vete a la mierda, imbécil! —respondió Amando, volviendo la mirada al libro para demostrar lo poco que le importaban sus explicaciones —¡Vuelve con Arturo!. Ayer supe lo mucho que te quería el jilipollas.

—¿Y por qué te molesta? —preguntó David, bajito.

Amando calló. Deseó haberse callado un poquito antes.

—Quiero explicarte el porqué de todo lo que he hecho. —insistió David.

—Pues explícalo y vete.

—Es que es difícil... yo mismo no lo entiendo.

David calló durante unos momentos, de pie en medio de la habitación. Amando no le invitó a sentarse. Se notaba que a David le costaba poner en orden sus pensamientos. «Falta de costumbre — pensó Amando—: seguramente actúa siempre sin pensar, y no sabe explicarse a sí mismo porqué actúa. Y mucho menos a los demás».

—Algo había... algo había de celos. —empezó a decir David, construyendo sus frases con trabajo— Por Arturo. Por cómo te miraba. Y luego, el discursito que nos soltaste en coche: ¡Por favor! ¡Hablando de tu castidad con esos bíceps! Que, por cierto, no me digas que no tomas esteroides...

—Pues no. Todo esto es natural. Ejercicio y sacrificio diarios.

—Ya. Sí. Pues eso mismo...

Se quedó silencioso un rato, meditando lo que iba a decir.

—Supongo que busqué un castigo.

—¿Castigarme a mí? —Amando escupió las palabras sin levantar la vista del libro. Como si le hablara a la madre Nosferata—: ¿Y yo que te había hecho?

—Nada. No quise castigarte a ti.

—¿A Arturo, entonces? ¿Por qué? —Su mente pareció iluminarse, y entonces sí levantó la vista—: ¿Acaso porque creíste que pensaba en mí mientras te hacía el amor?

—Amando, Arturo y yo no hacemos el amor. ¡Follamos todo el día y en todas las posiciones! ¿Te lo describo?

—¡Casi que no! Prefiero que te largues.

David encogió los hombros, en un gesto de «si es lo que quieres...», y dio media vuelta. Amando fingió enfrascarse de nuevo en la lectura de la interesante vida de la Fundadora, mientras lo seguía con el rabillo del ojo. Pero en la puerta, David se volvió de pronto.

—Antes, quiero contarte una pequeña historia...

Amando hizo un gesto de ostentoso fastidio.

—¡Pues que sea pequeña, que no tengo todo el día!

Dejó el libro de lado y compuso una estudiada cara de hastío.

—¿Sabes lo que es el ambiente? —preguntó David de pronto.

—Algo sé...

—Vale, entonces entenderás que... ¡bueno, que he sido un poco pecador! Y hubiera querido vivir así toda la vida hasta que alguien llegó...

—Arturo.

—No. —David miró a Amando fijamente.— No... Verás, llegó otro antes. Un chaval de mi edad, pelirrojo como el príncipe Harry y más borde que la madre que lo parió, o mejor dicho, que el padre: que, por cierto, era muy parecido a ti. Un padre al que apenas conocía, que pasaba de él y que seguramente no le quería demasiado. Y él, en cambio, sí le quería, pero a la vez le tenía mucho miedo: su carácter borde, ahora que lo pienso, era en realidad una coraza para ocultar todo ese miedo y esa soledad... Vivían en un sitio tétrico, muy parecido a éste: le eché el anzuelo y lo pesqué. Me lo follé en su cuarto, en la misma casa donde vivía: una casa muy parecida a ésta.

—Esto es un convento.

—Será así como dices. Creía que en los conventos no se follaba.

—¿A dónde quieres llegar?

—Bueno, pues caí en cuenta después... de que me había tocado la fibra. —siguió diciendo David, mientras repasaba las paredes como buscando recuerdos— Y me di cuenta cuando ya no había manera de saber de él, porque no tenía su teléfono y él ya no vivía aquí. En aquella casa, quiero decir... Me dejé caer en los sitios donde pensaba que podría encontrarlo. No lo encontré. Y un día de pronto apareció por mi carnicería. Entonces...

Se detuvo. Amando estaba interesándose sin querer: «Al final este imbécil —pensó— sabrá juntar palabras. ¡A ver si acaba diciendo algo y todo!».

—¡Me alegré un montón de verle aparecer así, de improviso! No era casualidad: venía a por mí... Había estado haciendo averiguaciones y me dí cuenta de que estaba pilladísimo; ¡de que me quería! Hasta entonces no había sentido aún eso: ¿sabes lo que te digo? ¡Que te quieran, como en las películas! Y entonces... me asusté.

—Ah, ¿pero tú también te asustas? —comentó con ironía Amando.

—¡Y tanto! Nadie es tan valiente como quiere aparentar. Yo... no había salido aún del armario, y ni siquiera me había planteado el salir. Me comporté con él fríamente: le dije que no quería volver a verlo. ¿Sabes lo que es que te digan eso?

Amando se quedó pensativo. Se recordó a sí mismo diciendo a Arturo: «Esto no ha pasado». Dos veces iban ya.

—Bueno. ¡Al menos a él se lo dejaste claro! —dijo con venenosa amargura— No estuvo días colgado del móvil.

—Lo lamenté una temporada. —siguió contando David— De repente el ambiente ya no me divertía tanto. Me arrepentí de haber tenido miedo, cuando ya no había remedio. Y empezó a no gustarme volver sólo a casa. Y entonces conocí a Arturo. ¡Estaba deseando enamorarme y ser valiente! Quise salir al armario esta vez a lo grande. Y Arturo, a todo me decía que sí.

Amando aplaudió irónicamente.

—Y yo, pobrecito de mí... ¿dónde entro?

—Tú entraste en la cabeza de Arturo. Y has estado en ella todo este tiempo.

Hubo un silencio. David resumió.

—Al final, aún no sé porqué te he hecho esta putada.

Amando meditó, cabizbajo. Levantó la mirada y pareció verlo todo claro de pronto. Contestó, muy despacio:

—Pues yo sí. Porque tu olfato reconoció en mí un cobarde como tú. ¡Y los cobardes odiamos los espejos! ¿Sabe Arturo esa historia?

—No.

—No sabes la fuerza que tienen los recuerdos. Yo vivo de ellos. —dijo Amando, como si acabara de darse cuenta.

—Arturo es real.

—Lo sé. —Amando calló, y suspiró— Y por eso le queremos.

David se sorprendió.

—¿Le quieres, entonces?

Amando sonrió con tristeza.

—No te preocupes: no como crees. No te lo voy a quitar. Dejaré que te caigas sólo.

David parecía entre molesto y divertido.

—¡Qué poco te ha durado el capricho conmigo!— dijo.

—Demasiado, para conforme te has portado. —respondió Amando. Y volvió a hundir la cabeza en su lectura, como dando a entender: «la audiencia ha terminado».

—Es una pena... —repuso David, con una sonrisa seria— Tú me gustas. En otras circunstancias, tal vez...

Hizo amago de marcharse. Recapacitó y añadió:

—Espero que al menos guardes un recuerdo bonito.

Amando levantó la cabeza del libro. Su mirada era dura.

—No mucho, la verdad —dijo con voz más dura aún que la mirada—: ¡estuve días y días esperándote! ¡Tiré a la basura mi dignidad, la fidelidad a un amigo!... Y no esperaba nada, sólo otra noche que retener en el recuerdo.

Dejó el libro de lado. Fue apasionándose a medida que hablaba.

—¡Y te hubiera dejado ir luego —continuó—, sin fingir que habría otra vez! ¡Quería una noche última, para no desaprovechar cada momento! ¡Algo en la memoria, sólo eso! Y luego... un adiós sincero. Sin engaños.

Volvió a coger el libro.

—¡Eso sí que hubiera sido un recuerdo bonito!

David se le acercó.

—¡Mantente lejos! —dijo Amando— Esto lo he vivido ya.

—No. —susurró dulcemente David— No así. Pondremos un buen final a esta película.

Poco después, los dos cuerpos se entrelazaban entre las sábanas de la celda de la madre superiora.

A la mañana siguiente, David se incorporó, apoyando un codo sobre la cama, que por segunda vez habría crujido soportando su peso. De nuevo acarició el pecho sudoroso de Amando, mientras éste acariciaba a su vez su nuca, mirando con expresión ausente las vigas del techo.

Su mirada se cruzó con la de la Reverenda madre Nosferata de la Transfiguración, que parecía echar de menos las parrilladas de sodomitas que disfrutaba antaño desde el tendido de sombra de su celda. Le hizo una reverencia:

—Hola otra vez, Madre Fundadora.

Extendió el brazo como si llevara en la mano una montera, como un torero que brinda un toro, y añadió:

—¡Va por «usté»!

Capítulo 12

El antiguo convento de las Fregratices estaba desierto, descansando por una vez de las guitarras. Gabi vagaba por los pasillos. La Carrá había quedado esa tarde con su amante semi-fijo, el único con derecho a cena y cama, y le había dicho, cerrándole la puerta en las narices: «¡Vete por ahí y lígate un tío para pasar la noche en su casa! ¡Y no vuelvas hasta mañana!». Al final, Gabi, cansado de dar vueltas por la ciudad y sin ganas de ligarse a nadie, había decidido volver después de tanto tiempo a hacer una visita a su padre, y a ver de nuevo la cama donde hizo el amor con David, y quizás dormir en ella: pero esto no se lo confesaba. Su padre, por su parte, podía ocupar otra celda. Lo que sobraba en el convento eran camas.

Amando y Gabi habían intimado más en este tiempo que en todo el resto de su vida, y aunque Gabi no sabía por qué, agradecía la corriente de confianza que se había establecido entre ellos. Pero al llegar a la sede de *Vermis Dei,* de la que aún conservaba una llave, la encontró vacía: sólo se oía deambular por sus pasillos al fantasma de la madre Fundadora, a la que Gabi ya estaba acostumbrado. Sonó de pronto un móvil. Gabi lo oyó justo cuando estaba parado y sin saber qué hacer ante la puerta del dormitorio de la superiora: el sonsonete venía de esa misma habitación. Recordó que su padre, refractario hasta el final al uso de ese cacharro, había acabado por claudicar y comprarse uno, y recordó también que pese a ello nunca lo llevaba encima. Empujó la puerta: estaba abierta. Entró en el dormitorio que había sido suyo, saludó al ambiguo santo de las llagas, a la virgen uniceja y a la madre Nosferata: cogió el móvil y contestó.

—¿Sí?

Se sentó en la cama, que estaba deshecha, con el teléfono en la oreja, y acarició las sábanas. Era extraño: pese al tiempo transcurrido, pese a los detergentes y a los suavizantes, esa cama olía a David, a sudor de David. No era posible, claro…

No podía pasarle por la cabeza que Amando y David se habían acostado juntos allí, y que las sábanas aún no se habían cambiado.

La voz era de uno de los «sectarios», como les llamaba con cariñosa guasa. Recordaba su nombre: se llamaba Dionisio, que manda huevos.

—¿Amando? —dijo Dionisio, Dioni para los amigos.

—No. —respondió— soy su hijo Gabi. Amando se ha dejado el móvil, como siempre.

—Ah... ¡Vaya! Supongo que estará de camino, pero si le ves, dile que le estamos esperando.

—¿Dónde? —preguntó Gabi— ¿En alguna plaza del barrio chino tocando la guitarra a los colgados y a las putas mientras os tiran condones usados?

—Hoy, no. —respondió el otro tranquilamente— Hoy estamos en la plaza de tu pueblo: ¿es que no te enteras de nada? ¡Están aquí todas las cadenas de televisión! Se casa dentro de un rato el amigo gay de tu padre, el que salió en la tele. ¡Y aunque la boda sea gay y por lo civil, y por tanto no sea boda ni nada, vamos a tocarle la guitarra para que todos vean que *Vermis Dei* es Iglesia, sí, pero de la moderna y enrollada!

«¿Y el obispo qué piensa de esto?», debería haber preguntado Gabi si tuviera voz en ese momento para preguntar: pero lo cierto es que no pudo porque el móvil se le había caído al suelo de la impresión. Y él detrás.

Soñó entonces con que estaba en una catedral vacía y enorme: no había nadie más que él sentado en los bancos, pero en medio, su padre, vestido de cura, estaba casando a Arturo y David, los dos de blanco y rivalizando en las colas del vestido. No supo el rato que estuvo así, pero cuando se despertó vio el móvil junto a él, tirado en el suelo. Estiró el brazo y lo cogió: «Espero que no se haya roto». Le sabía mal haberle dado tal viaje mientras hablaba con el sectario, casi como hubiera estampado a su interlocutor contra el suelo. Miró la pantalla: todo bien, el móvil parecía funcionar. Decidió llamar al chico y disculparse. Buscó su nombre en la agenda: Dionisio. Y allí estaba. Dionisio. Justo debajo de David.

«Estoy enfermo, veo a David por todos lados». Pero no. Volvió a mirar: era David. «Será otro David», pensó. Volvió a mirar: era su mismo número. Tuvo que sentarse de nuevo en la cama, porque la habitación empezó a girar a su alrededor como un tiovivo, y le pareció estar rodeado de un corro de Madres Fundadoras, vírgenes cejijuntas y santos de sexo ambiguo, enlazados de las manos, que daban vueltas vertiginosas como si fuera el corro de la Patata. «¿Por qué Amando tiene su móvil? ¡Tengo que saber por qué!». Reaccionó. ¿Se habrían estado escribiendo mensajes? Fue inmediatamente a la agenda de mensajes recibidos y enviados, con los nervios a flor de piel: vio todos los mensajes guardados, con todos los besos en conserva de David. Vio el mensaje pendiente de enviar, y lo leyó: lo leyó varias veces.

«Mira, cariño, no sé cuál es tu juego —decía— pero conmigo te equivocas. Hazme un último favor, y borra mi número de tu agenda». Lo podría haber escrito él: y sabía que él tampoco lo habría enviado.

Maquinalmente, fue a la sala de estar, el antiguo refectorio de las monjas, y encendió la tele: le golpeó como un mazazo la sintonía ratonera del programa de máxima audiencia «Pozo sin Fondo», con su mariquita mala, Jorge Gargall, rodeado de *freaks*. Estaba retransmitiéndose un especial monográfico dedicado al evento, y en ése momento, mientras esperaban dar paso al acontecimiento en directo, había en el plató una mesa de debate, todos dando gritos a favor o en contra de que David se casara con Arturo. Uno de los invitados era nada menos que Elvis Popper, el autor maldito, que estaba de gira mundial para promocionar su libro. Contrario a las bodas gay por su idiosincrasia antiburguesa, se desgañitaba en un español perfecto con acento tejano:

—¡Hasta ahora, un gay casado era uno que llevaba más de quince días follando con el mismo! ¿Cómo vamos a llamar en adelante al que esté en esta situación?

—En su caso de ninguna manera, porque el que se lo folle a usted dos veces no tiene nombre. —contestó Terencio Minga, un escritor con pajarita, éste muy fino y grecorromano, que acababa de publicar su nuevo libro «Los cataplines de Adriano», prologado por el ujier de la RAE.

—¡Burgués conformista! —le gritó Elvis Popper.

—Conformista, y mucho, será el que se conforme con usted. —le contestó el otro.

—¡Duro, duro, chicas! —gritaba el moderador Jorge Gargall, la emperatriz de las mariquitas malas. Pasaban por debajo letreritos con un número de móvil de pago a donde se podían mandar mensajes de apoyo o rechazo a las bodas gay: Gabi estuvo tentado de mandar el suyo, opinando sobre los novios, pero le hubiera salido muy caro tanto y tanto adjetivo como le venía en mente.

—¡Los activistas de mi generación pedíamos libertad para salir del redil, no permiso para entrar como ahora! —siguió diciendo Elvis Popper— ¡Reivindico mi condición contra-natura: la naturaleza no es sino una madrastra despótica! ¿Sabe usted qué es el deseo sexual? ¡Una artimaña de esa furcia para propagar los genes, esos asquerosos filamentos de materia que nos emplean como *containers* desechables! Pero yo soy un campo de exterminio para los míos, y cuando me acuesto con la satisfacción de no haber dado ocasión a la supervivencia de ninguno de ellos, oigo sus vocecitas desde cada célula de mi cuerpo: «¡Vamos a morir todos!». Y me duermo con una sonrisa...

—Tiene usted unas noches de lo más interesantes... —replicó Terencio Minga.

—¡Lo que quieren ustedes, en el fondo, es una lista de bodas y un viaje a Cancún, igual que sus opresores heterosexuales y burgueses! —siguió embalado Elvis Popper, mostrando su profundo conocimiento de las tradiciones indígenas— ¡Son como criadas que piden permiso al ama para probarse sus vestidos!

—¡Mira ésta, con lo que sale! —exclamó Terencio Minga, guiñando un ojo a Jorge Gargall para obtener su complicidad.

—¡No es sino complejo de inferioridad! —sentenció el yanqui— ¡Son ustedes, en el fondo, un atajo de endohomófobos!

—¡¡¡Huuuuuuy, lo que me ha dichooooooo!!! —saltó Terencio.

—¿Lo qué? ¿Qué te ha dicho, reina? —preguntó Jorge Gargall, que, como presentador televisivo que era, tenía un vocabulario muy limitado.

—¡Endohómofobo! —contestó Terencio irritadísimo— ¡Y eso no se lo consiento a nadie!

—Pues hija, seguro que has consentido que te digan cosas peores a partir de ciertas horas.

—Es que, cari, no te enteras. Endohomófobo es el gai que odia a los gais: como si dijéramos judeonazi, negro-racista, o mujer... mujer. ¿Tú aguantarías que te dijeran eso?

—¿Lo cualo, que odio a los gays? —dijo Jorge Gargall, sospesándolo.

—Exacto.

—¿Excluyéndome a mí mismo, supongo?

—Supongo que supones bien.

—Hombre... pues a unos cuantos tengo entre ceja y ceja.

—¡Lo que faltaba! —se exasperó Terencio.

—¡Y tú también, no vayas de santa! Seguro que odias a todos los chulazos que no te miran, y a las zorras que te los levantan, y a las amigas que se lo anotan todo y te lo restriegan luego con retintín... ¡Chica, si en el fondo todas las mariquitas somos unas endohomófobas de cuidado! —concluyó Jorge Gargall.

Entonces se dio paso a la retransmisión en directo de la ceremonia. Salió la plaza del pueblo, con la fachada del ayuntamiento iluminada, así como el campanario de la parroquia: habían montado el tablado que utilizaban normalmente para los espectáculos de fiestas y los conciertos de la banda local. Los niñatos del pueblo, que solían apedrear maricones cuando no había cámaras delante, saltaban ante ellas y saludaban dando vivas a los novios, y se daban codazos para salir: luchando con ellos para chupar foco, Baby Jane, Perdita, la Patata, la teniente Ripley (que había tumbado de un codazo a seis o siete mascachapas), y Cruella la desdeñosa, que no desdeñaba al objetivo, aunque los cámaras, sin previo acuerdo, hacían lo imposible por no enfocarla. Sara, por su parte, intentaba dilucidar con la mirada cuál de los técnicos de iluminación sería amante de la Patata para no ponerse a tiro. También estaban las nuevas generaciones: Barbarita, la Britney, la Tesorito... Sólo faltaba la Carrá, que estaba en casa con su amante del día, porque ella no renunciaba a su polvo diario ni por asistir al segundo advenimiento de Cristo.

Junto a la alcaldesa estaba la madre de Arturo, con teja y mantilla, rodeada por las vecinas que la felicitaban; el coro de guitarras de *Vermis Dei*, afinaban dirigidos por Amando; y Fabrizia Sentraña, con sus fundas engrasadas y más brillantes que nunca, gritaba agarrada a su alcachofa: «¡Esto es una locura señores televidentes! ¡El pueblo se ha volcado con Arturo y David!». Y así debía de ser, porque se les oía corear de fondo, incansables, a los niñatos del pueblo: «¡¡¡Ar-tu-ro, Ar-tu-ro, Da-vid, Da-vid!!!».

Y allí aparecieron los novios, vestidos de chaqué: Arturo, con la misma cara de susto con la que se presentó por primera vez al programa de Fabrizia, hace mil años; a su lado, David, guapísimo, con sus ojos verdes, aún más verdes vistos a través de la pantalla de televisión. Detrás de ellos, Amando, dirigiendo el coro de guitarras, lanzó a la cámara una mirada: Gabi vio sus ojos, y leyó en ellos la misma desolación que él sentía en esos momentos. «Caramba, Amando —pensó—, ¿qué te parece: era tan difícil ponerte en mi lugar? ¡Pues ha bastado un solo chulo de mierda para unirnos en el sentimiento!». Volvió a mirar el mensaje en el móvil. Luego a David, tan guapo y feliz, tan en su papel: «Te mando esto de nuestra parte — pensó—: de Amando y mía». Y pulsó «enviar mensaje».

Arturo sintió de pronto vibrar el móvil en el bolsillo de su chaqué. Había recibido un mensaje: de felicitación, supuso. Pero debía apagar el teléfono. ¡Vaya vergüenza si se pusiera a sonar en medio de la boda, y con todas las cámaras de televisión grabando! ¡Menudo choteo tendrían sus alumnos, a los que abroncaba cuando no lo apagaban en clase! Lo cogió, pues, y se sorprendió de ver que había recibido un mensaje de Amando: miró hacia atrás, con gesto de decir: «¿qué?». Amando le miró a su vez con gesto de: «Qué de qué». Entonces Arturo miró de nuevo la pantalla del móvil y comprendió: otra vez se había equivocado. ¡Otra vez había cogido el móvil de David!
¿Comprendió? Pues no: la verdad es que ahora aún comprendía menos. «¿Es que Amando le ha mandado a David un mensaje? ¿Y qué mensaje?». Lo leyó:
«Mira, cariño, no sé cuál es tu juego, pero conmigo te equivocas. Hazme un último favor, y borra mi número de tu agenda».
«A ver si me entero... —pensó despacio—: David juega a algo con Amando y Amando no sabe a qué juega»...

La ceremonia daba comienzo. La alcaldesa, se había situado en medio del catafalco, y el coro de las guitarras empezó a entonar una canción.

«Pero Amando dice a David que se equivoca, y que le haga el favor de borrar su móvil de su agenda... —siguió pensando Arturo— Lo que, a su vez, nos lleva de nuevo a la pregunta: ¿Por qué coño lo tiene en su agenda?». Las cámaras habían empezado a retransmitir, y el regidor hizo señal a los novios de avanzar.

«¿A qué ha jugado David con Amando?».

Arturo miró a David.

«¿A qué han jugado los dos conmigo?».

David le devolvió la mirada. Iba a sonreír, pero al ver la expresión de Arturo, se le congeló la sonrisa.

—¿Qué te pasa? —preguntó. Arturo le alargó el móvil.

—Tienes un mensaje, puta. —contestó. Dio media vuelta y se fue.

Las cámaras, que lo habían grabado y retransmitido todo en directo, le siguieron; Fabrizia echó a correr tras él con la alcachofa, casi tan rápido como cuando voló por el terraplén; las guitarras siguieron tocando; la madre de Arturo se desmayó, sostenida por sus vecinas, y los niñatos del pueblo, visto que no había ya cámaras, cogieron piedras y empezaron a tirárselas a la Patata, Baby Jane, Cruella, Perdita, Sara, la Britney y los demás, que echaron a correr hacia los coches mientras la teniente Ripley les cubría la retirada a hostia limpia.

Desde el refectorio de las Fregatices, pudo ver Gabi por la tele todo el revuelo.

Capítulo 13

Arturo salió al balcón: «¿me lanzo? ¿No me lanzo?»... Ciertamente hubiera sido apropiado morir así, espatarrado en el asfalto, salpicando con su sangre a las *fashion-victim* que salían el sábado noche hasta arriba de glamour, y que darían un gritito:

—¡Ay! ¡Sangre!¡Hoy no es Halloween!

Y luego, vendría el entierro fastuoso, con coche de caballos y todas las amigas con tapafeas de encaje, encantadas porque el negro adelgaza: y la Patata, más llorosa que ninguna, lanzando miradas insinuantes... ¡la muy furcia! Y todas querrían abrir el ataúd; dirían que para darle el último adiós, pero en realidad sería para ver lo desfigurado que se había quedado.

—¡La pobre —dirían—; en vez de cortarse las venas con las tijeritas de uñas, va y se espachurra dejando un revuelto de sesos en plena calle!

«¡Y una mierda! — decidió.

El que iba a saltar por el balcón era el jodido móvil, ese celestino de alta tecnología: lo cogió y extendió el brazo fuera del balcón. De pronto se puso a sonar como pidiendo socorro: en la pantalla aparecía el nombre de Amando. Abrió la mano, lo dejó caer y lo vio estrellarse justo a los pies de David, que en ese momento preciso venía arrastrando un *trolley*. «¡Lástima — pensó—; con un poco de suerte le abro la cabeza! ».

¡Crack! ¡Ahí van las tripas del correveidile, con todos sus sucios mensajitos, esparcidos por la acera!

Se sintió de pronto ligero como una nube, cruzó flotando el comedor sin tocar suelo y se tumbó en el sofá mientras oía pasos por la escalera, y una llave... y ahí estaba David parado en el umbral del comedor, justo ante la raya de luz, mirándole con cara de dibujo animado al que le acaba de pasar la apisonadora por encima.

—¿Y esto? —dijo, con la carcasa del móvil despanzurrado en la mano.

—¿El qué?

—Era un móvil nuevo. Casi recién estrenado.

Arturo se le quedó mirando.

—Comprendo que te conmueva. Como todo lo demás te lo han estrenado ya en la guardería...

—Oye, ¿Qué te pasa?

—¿Que qué me pasa? Que estaba leyendo los mensajes de Amando para reírme, ya que no echaban nada por la tele. Pero me ha dado tanto asco que se me ha escurrido de las manos: ¡lo siento! ¡Lo siento muchísimo! No me refiero a esto, claro, sino a haberte conocido...

David ensayó un tono de reproche.

—¿Has leído los mensajes de mi móvil?

—Si, hijo, sí. ¿No follas tú con Amando? Pues yo leo vuestros mensajes. Debe dar el mismo poco gusto.

David asintió, pensativo.

—Arturo, llevo días queriéndotelo explicar y no me dejas.

—¡No hay nada que explicar: y no sé a qué has venido!

—Tengo cosas que recoger. —David señaló la maleta.

—¡Pues recógelas y vete: y me das las llaves cuando te vayas!

David fue a la habitación. Le oyó abrir el armario y empezar a recoger ropa.

—Luego mira en la librería a ver si hay algo tuyo... — dijo Arturo— ¡Ah, no, que tú no lees!

David asomó la cabeza.

—No me ofendes.

—Ni era mi objetivo.

—Sí lo era.

La cabeza desapareció de nuevo. Se oyó la voz de David desde dentro de la habitación, mientras hacía la maleta.

—¿Sabes? No ha sido fácil hacerme el tonto todo este tiempo.

—¿De qué estás hablando?

—De que no soy tonto. Puede que no lea: pero miro y escucho.

—¿Y?

—¿De quién de los dos te has sentido celoso? ¿De Amando o de mí?

Arturo no respondió. Tampoco él lo sabía.

—¿Y crees que no me enteraba de tus cuchicheos con la Patata, ni entendía las indirectas? —prosiguió David desde el dormitorio— ¡Pobre Arturo, aguantando a ese niñato imbécil: sí, es más joven que nosotros, pero ya dejará de serlo, y aquí le esperaremos, claro, haciéndole un hueco en el estante de saldos de temporadas pasadas... ¡Sólo que olvidabais decir que cuando yo esté en ése estante, vosotros ya estaréis en el cubo de la basura!

—Estás loco.

—¿Tú crees?

David salió arrastrando la maleta. Se plantó ante él y se le quedó mirando.

—¡Pues te digo una cosa: no habré leído pero he vivido!

Arturo se le quedó mirando.

—Sigues sin saber hablar bien: a tu edad aún no se puede conjugar el verbo vivir en presente perfecto de indicativo.

—¡Por Dios; si ya no somos pareja, no tengo porqué aguantar ni un minuto más tus pedanterías!

Se quedaron los dos, uno frente al otro, como decidiendo si iban a hablar o no todo lo que se habían callado.

—Has vivido, dices —comentó Arturo—. ¿Qué has vivido tú? ¡Has follado y punto; en eso consiste tu mundo!

—¿Y el tuyo en qué consiste? ¿En consolarte de los polvos que no echaste emborrachándote entre una panda de viejas retorcidas? ¿En humillaros entre vosotras para sentir, cada una, que la otra es más desgraciada?

—¡Tengo grandes amigos! —dijo Arturo, intentando decirlo con firmeza.

David hizo un gesto desdeñoso.

—Que sólo te quieren para reírse de ti. Como tú a ellos.

—¿Así nos ves?

—Así *te* veo. ¡Y debí verte antes! —respondió David.

Luego calló durante un momento, mirándolo con ojos distintos: igual de verdes, pero no tan bonitos. Y cuando siguió hablando, su voz sonaba como si saliera de la tierra profunda, allí de donde se arrancan las verdades de raíz:

—Creía que eras mejor que ellos, un corderito vestido con piel de zorra. Pero ahora creo que eres zorra compacta, maciza, hasta el fondo, y si hubo un corderito dentro, hace tiempo que te lo comiste.

El paje de ojos verdes decía al fin lo que pensaba: ¡ya podía Arturo entrecomillar sus pensamientos, si quería! Le miró con ojos tristes. ¿Cómo podía ser tan cruel?

«Por fin te decides a hablar —le hubiera dicho—, y es para decirme cosas tan terribles». Pero no podía decir eso porque hubiera plagiado al padre de Olivia de Havilland en "La Heredera", y a lo mejor le caía una multa de la SGAE. Recordó entonces que había obligado a David a ver esa película casi encadenándolo a su lado al sofá, por aquello de que el cine en blanco y negro es cultura.

Y entonces, David le alargó las llaves, cogió la puerta, y se quedó un momento parado en el umbral. Giró media vuelta y, como si le hubiera leído el pensamiento, le dio la puntilla:

—¡Puedo llegar a ser muy cruel; me han enseñado buenos maestros! Era verdad, pensó Arturo casi con orgullo de profesor, mientras le vio irse: esa frase la sabía gracias a él. La decía Olivia de Havilland en esa misma película, y a David la había plagiado sin rebozo.

Le oyó dar el portazo, y bajar las escaleras, cargado con la maleta. Y cuando la puerta de la calle se abrió, mientras él quedaba en el sofá si querer asomarse a la ventana, su imaginación no pudo evitar hacerlo:

El paje de ojos verdes se iba a la grupa del caballo, agarrado a la cintura de Amando, el caballero de la armadura oxidada: oyó el crepitar de las llamas. Después de tanta leña seca amontonada, su pira empezaba a arder.

«Vete, pues —pensó—: me dolerás solo un poco, como una artritis en las noches de frío... y no serás tú el que duela, sino el vacío que quise llenar contigo. Adiós, querida engañifa: báñate con quienes prefieras a la luz de la luna, mientras ésta canta, mentirosa, que todo puede ocurrir... llévalos contigo hasta la boya, arrástralos a donde no se hace pie, y buena suerte a ti y a ellos».

¿Y ahora qué hacer, con todo el tiempo libre que le quedaba? Se acercó al ordenador y dando a la tecla «seleccionar todo», y luego a la de «suprimir», borró todo el material de su novela histórica, que ya iba avanzada. «Abrir documento nuevo —ordenó—; título: "El chico de los ojos verdes"». Y empezó a teclear otra historia: la suya. Y decidió contarlo en tercera persona, y volverse narrador omnisciente...

«¡Omnisciente yo, el que nunca sabe nada!...»

La Patata acabó de leer el último folio: lo dejó boca abajo encima de la resma de papeles que había a su izquierda, bebió un último sorbo de vino y miró a Arturo.

—¿Y bien? —preguntó éste— ¿Qué te ha parecido?

—No sé... —respondió la Patata— Ya no es una novela histórica. ¿Dónde están Rosendo de Bujarra y el paje de los ojos verdes?

—He decidido actualizarlo.

—¡Y te has puesto de protagonista!

—Sí. Tú preferirías que te hubiera puesto a ti, supongo. Pero quería una historia con argumento, no una versión *queer* del Kamasutra.

—¿Por qué lo has escrito en tercera persona?

—Para hacerlo un poco más objetivo.

—¿Y por qué el narrador habla tanto en femenino?

—Porque soy yo, caramba.

La Patata meditó. Arturo estaba impaciente.

—¿Me dices qué te ha parecido, sí o no?

—Sírveme otro vino, anda.

Arturo se lo sirvió, y la Patata dio un sorbo.

—Si te has propuesto escribir una novela de éxito, con vistas hacerte famoso y rico y así acabar de pagar la hipoteca, ya te digo que no vas bien.

—¿Por qué? —preguntó Arturo.

—Piensa un poco: ¿qué hace falta para que un gay compre una novela?

—Sexo, amor y humor. Bueno, también un chico guapo en la portada, pero de eso creo que se encarga el editor.

La Patata le amonestó con el índice.

—¡Y un final feliz; te olvidas de eso!

—Patata, esta historia no puede tenerlo... —dijo Arturo con tristeza.

—¡Anda que no! ¿Por qué?

—Porque entonces no sería realista, y es una historia basada en mi vida. Y porque los finales felices, como diría el maldito Elvis Poper, son conformistas y complacientes.

—¡Tu vida no es realista, nena; es aburrida! En cuanto a conformista... no hay nada que lo sea menos que un final feliz, sobre todo si lo protagoniza un gay cuarentón. Conformistas son los finales que escribe la Realidad, que es una novelista mala y predecible; y es normal que te conformes con ellos tú, que no te queda otra, pero, ¿también tu pobre personaje, cuando le puedes arreglar la vida con cuatro teclazos de ordenador?

La Patata parecía realmente indignada. Arturo le escuchaba pacientemente.

— ¿Y cuál era la otra cosa que has dicho que no querías ser? ¿Complaciente?... ¿Me puedes explicar qué tiene de malo complacer al infeliz que se ha tomado el trabajo de leerse tu novela? Si ha llegado hasta aquí: ¿te parece que no lo has castigado lo bastante? ¿Quieres que te la acabe yo? ¡Déjame el ordenata, anda!

La Patata agarró el teclado.

—¡Tú no puedes cambiar nada! ¡No eres el autor! ¡Tú eres sólo un personaje, y además secundario!

—¡Y tú sueñas; despierta ya!

Arturo se despertó.

Estaba tumbado en el sofá, con resaca de vino, y había una botella vacía dos copas, pese a que había estado bebiendo solo. En el ordenador encendido, destellaba una página en blanco purísimo, con sólo un título en mayúsculas: «EL CHICO DE LOS OJOS VERDES».

—«Lástima que esa novela en blanco no sea mi vida». Pensó, resignado.

Arturo llevaba días sin coger el teléfono, sin contestar al timbre de la puerta más que para abrir al chino que le traía a domicilio la única comida de la que se estaba alimentando estos días: al contrario que al chico de las pizzas, a éste no le podía leer la mirada para averiguar si le escrutaba con morboso interés, ya que parecía escrutar siempre. Por lo demás, no salía de casa. Desde el día de la boda frustrada se había cogido la baja por depresión, y ni siquiera levantaba ya las persianas del comedor. Su única ventana al mundo era la televisión, gracias a la cual se enteró de que la frase «tienes un mensaje, puta» hacía furor entre la juventud, que la llevaba en sus móviles con la voz original de Arturo para advertir de los mensajes nuevos.

Sonó el timbre. Acababa de llamar al chino para que le trajeran la cena, así que descolgó el telefonillo.

—¡Comida china! —dijo el chino. Abrió la puerta.

El chino subía acompañado por Amando; cerró la puerta inmediatamente.

—¡Arturo, abre! —oyó decir a Amando.

—¡Comida china! —oyó decir al chino.

—¡Vete, Amando; no quiero saber nada de ti!

—¡Arturo, abre; no pienso irme, y si quieres comer tendrás que abrir al chino!

—¡No es preciso; tengo reservas en mi organismo para aguantar una semana!

—¡Dormiré en el rellano!

—¡Pues llamaré al administrador!

—¡Pues yo llamaré a Fabrizia Sentraña!

—¡Comida china! —repitió el chino.

Arturo abrió.

—¡Pasad los dos!

Pagó al chino y cogió la comida.

—¡No tengo güisquis para ti, que lo sepas! —le dijo a Amando.

—No pretendo beberme tu güisqui.

—¡No; prefieres cometerte otras cosas mías!

Arturo volcó los tallarines en un plato, se sentó en el sofá, puso el plato en la mesa de café, y empezó a comer ante la tele apagada sin mirar a Amando. Éste empezó a pasearse por la habitación con las manos en los bolsillos; se paró ante la ventana con la persiana echada.

—¿Porqué no abres la ventana?

—Porque te lanzaría por ella de cabeza.

—Arturo... —dijo Amando sin dejar de mirar la persiana—; no seas chiquillo. Somos lo bastante mayores como para lidiar con esto.

Arturo se volvió a él con la boca llena de tallarines.

—¡Nunca, ni aun cuando cumpla ochenta años, tendré la edad suficiente como para lidiar con esto!

Volvió a mirar la tele apagada.

—¿Tú sabes lo que has sido tú para mí? —dijo, como hablando solo.

Amando seguía mirando el paisaje a través de la persiana echada.

—Lo sé. —contestó al fin.

—¿Y sabías lo que significaba también David?

El espectáculo de la persiana echada no perdía su interés.

—Lo supongo...

—¿Supones también entonces cómo me siento al saber que los dos os habéis burlado de mí? —La cara de Arturo enrojeció, escupiendo tallarines: dejó de comer, y apartó el plato a un lado. Gesticulaba como si tuviera ganas de estrangular a alguien: y las tenía.

—Nadie se ha burlado de ti, Arturo. —contestó Amando, de espaldas, mirando a la persiana.

—¡Tú te has burlado de mí; y David se ha burlado de los dos! ¿Sigue jugando contigo?

—No. —contestó Amando.

—¿Y por qué? ¿Por qué no seguís, si os divertía tanto?

Amando se volvió a mirarlo; sus ojos grises ya no le inspiraban nada a Arturo, salvo ganas de sacárselos.

—No fue divertido, Arturo. —Amando meditó, y añadió: —Me enamoré.

—¿Te enamoraste? —repitió Arturo en voz baja, mirando al televisor apagado.

Amando volvió a mirar la persiana echada.

—Te enamoraste... —repitió Arturo— Nunca antes te habías enamorado de un hombre; o al menos, nunca de mí.

El programa de la tele apagada y el paisaje de la ventana echada seguían siendo muy interesantes. Ninguno de los dos apartaba la vista de ellos.

—Pero te enamoraste al final — añadió Arturo —; a los cuarenta y cinco.

¡Qué demonios, pensó, iba a sacar el güisqui! Pero sólo para él. Amando ya se había llevado bastante de aquella casa. Fue al mueble bar y sacó la botella y un vaso. Para él solo.

—Y elegiste para enamorarte al que yo había elegido para olvidarte. —Llenó el vaso hasta el borde, y se bebió, así, sin hielo, como un machote. —Para olvidar que tú nunca me quisiste. Para olvidar que siempre estuve solo de ti...

—¿Quieres dejar de ser melodramático? —contestó Amando, aún de espaldas—; ¡nadie arrastra tanto tiempo un amor de juventud!

—Todos lo hacemos; sobre todo si la vida no nos da nada luego que valga la pena. —respondió Arturo. Paladeó el güisqui: le aclaraba las ideas y le soltaba la lengua. Y añadió:

—Tú también lo haces. ¿Qué es lo tuyo con Amy, si no?

Por la persiana echada parecían pasar muchas sombras.

—No hay nada mío con Amy.

—¡Claro que no, está muerta; ¿pero acaso no hubo algo?

— No. Con Amy no hubo nada.

—¡Por Dios, Amando, claro que no! ¡Te dejó al poco de la boda, y si aguantó hasta el parto fue porque la retuvieron! ¡Ella hubiera salido huyendo de ti la primera noche!

Se volvió a llenar el vaso. «Menuda esponja estoy hecho», pensó. Pero a la mierda: ¿Le debía explicaciones a alguien?

—Pero esa nada tuya, al contrario que la mía, fue alguna vez algo por breve que fuera. —siguió diciendo— Porque algo hubo entre Amy y tú a fin de cuentas.

—Nunca toqué a Amy antes de la boda. —Amando calló como si temiera seguir. Por fin añadió—: Y después, tampoco.

Arturo dio vueltas al vaso, asimilando lo que acababa de oír.

—Pues algo la tocarías —respondió, extrañado—, si no antes de la boda ni después, sí esa noche: ¡le hiciste un hijo!

—No. —respondió Amando. Las sombras seguían desfilando tras la persiana echada de la ventana. —No se lo hice.

—¿Qué me quieres decir? —preguntó, sorprendido, Arturo, como si hubiera más de una respuesta posible.

—Que Gabi no es mío.

Se detuvo. Había algo más. Tomó aire y lo soltó.

—Es tuyo.

¡Hiroshima: una luz enceguecedora llenó la habitación!

—¡Mío...! —balbuceó Arturo. El vaso se le cayó de la mano: ¡Crash! Él mismo se tambaleó.

—Pero... ¿cómo que mío? Quiero decir, ¿cuándo? ¿Cómo? Tú sabes bien...

—Sí, lo sé. ¡Y Amy también lo sabía, pero aun así te quería!

—Amy... ¿me quería?

No era posible: no debía serlo. Intentó encauzar la conversación dentro de la lógica.

—Claro, ya sé lo amiga mía que era...

—Estaba enamorada.

¡Nagasaki; una nueva explosión atómica! Sintió el suelo moverse como un balancín.

—¿De mí?

Amando le miraba con gravedad: no estaba de broma. Se acercó a la botella, llenó el vaso, y como si fuera el dueño de la casa sirvió otro güisqui a Arturo, que lo cogió maquinalmente y lo apuró de un trago. Amando se sirvió otro él mismo.

—Sí; pobrecita, las mujeres son tontas, ¿verdad? Nosotros, los hombres, somos más listos... —añadió con voz extraña —Amy estaba colgada de ti desde siempre: creo que lo estuvo hasta el final.

—Pero, Gabi... —balbuceó Arturo — ¿cómo puede ser?

—¿Es que no recuerdas nada? —respondió lentamente Amando, mirándole a los ojos.

Recordaba, sí. Como recuerda un borracho. Un borracho que arrastra una resaca de diecinueve años.

Amy había cerrado el pestillo del cuarto de baño. Fuera se oía gritar a los otros juerguistas.

—¿Qué haces? —había dicho Arturo. Los ojos verdes de Amy le miraban, pero no había picardía en ellos, sino otra cosa.

La mano de Amy exploraba su cuerpo sabiamente; fue desabrochándole la camisa, bajándole el pantalón... Sabía despertar vibraciones, sensaciones dormidas; manejaba el tema sin violencias, controlando el ritmo. El microclima del cuarto cambió; subieron la temperatura y la humedad, empañándose el cristal del lavabo. Arturo se recostó contra la puerta, cerró los ojos y se dejó hacer.

Amando, pensó... Oyó cómo se cimbreaban las espadañas del río, vio volar a los vilanos, pero los labios de Amy se deslizaban suaves por su pecho, y de ahí subieron al cuello, y de ahí a su boca, y casi sin darse cuenta, él le había dado un beso. Ella le miraba sin sorpresa alguna; no había manera de saber qué pensaba. De perdidos al río, «pero no; ¡al río no, el río nunca!» pensó él; y la besó de nuevo. La punta de su lengua recorrió sus labios, llamó a la puerta cerrada de los dientes, que se abrieron dejando probar la tibieza de la lengua, y, ¡milagro de la vida y del instinto!; sus lenguas jugaron juntas... «¡Esto es maravilloso —pensó—, y esto debe ser amor, sí, porque me llena de calidez, y estoy como a punto de derretirme en lágrimas, y noto que dentro de este cuarto de baño sale el sol y no se irá nunca! ¡Quiero más, quiero que esto dure siempre, que siempre esté mi lengua jugando con la suya, mañana y pasado mañana!». Y entreabrió los ojos y vio muy cerca las largas pestañas de ella velando esas pupilas verdes como la esperanza; verdes, y no grises, pensó... y de pronto se hundió el sol de ese cuarto de baño en las aguas de un mar tenebroso, un mar de lágrimas que subió como un géiser: y rompió a llorar como un imbécil, y Amy se quedó desconcertada, tapándole delicadamente la boca con la mano para que no se oyeran fuera los sollozos. «¿Y ahora qué te pasa?». «Nada, que soy feliz», mintió. Pero no mentía. Porque era verdad, pese a todo era muy feliz.

¿Por qué seguir? Todo fue rápido. Grosero para quien lo hubiera visto: Amy, arremangada, contra la pared y Arturo follándosela como un gañán. Pero no fue así: era amor. Lo fue en ese momento. Para él sólo lo fue en ese momento; para ella tal vez no.

Acababan y los borrachos aporrearon la puerta, entre risas.

—¡Eh!: ¿qué hacéis ahí? ¡Sinvergüenzas, haced el favor de invitarnos a una raya!

Él le ayudó a retocarse. Se miraron tácitamente, sin decir nada, y descorrieron el pestillo. Nadie sospechó. Todos creían que lo sabían todo de ellos. Como si alguien lo supiera todo de alguien...

—¡Pero no fui el único! ¡Hubo otros más...! —Empezó a decir Arturo, intentando aún mantener la cordura, darle un poco de lógica a todo aquello. Calló de repente. ¿Cuánto sabía realmente Amando de los otros hombres de Amy? ¿Y cuánto sabía él?

—No hubo ninguno más. —respondió Amando. Arturo se enmudeció. Meditó. Quiso contradecirle.

—Amy era... —empezó, interrumpiéndose de pronto.

—Sé cómo era Amy. —zanjó Amando con voz seca y mirada dura. Apuró el güisqui de un trago. —No hubo ninguno más. Me lo dijo, y precisamente porque sé cómo era, le creí.

—¿Me estás diciendo que entonces era aún virgen?

—No pregunto esas cosas. —Respondió Amando. —Sólo sé que entonces no había ningún otro hombre en su vida y que tú la embarazaste.

Arturo sintió ganas de vomitar. Corrió al baño, y se enjuagó la cara. Se miró. El reflejo devolvió unos ojos grises. Los mismos ojos grises que Gabi había heredado de su padre. ¡No los ojos de Amando: los de Arturo!

Intentó aclarar esquemas. Sintetizar, como decía a sus alumnos que hicieran en los exámenes.

—Tu hijo... es mío y no tuyo.

—No. —Respondió Amando.

Sintió un irracional alivio: ¡Menos mal, qué confusión más tonta!

—Te estoy diciendo que es nuestro; ¡mío y tuyo! —aclaró Amando.

Arturo le miró, y vio por primera vez brillar un destello de humor en sus ojos grises. De pronto Amando le cogió de la mano, como aquella vez en el río: se la apretó hasta que se pusieron blancos los nudillos.

—Arturo —dijo lentamente, mirándole a los ojos—: somos padres.

Arturo pensó que se iba a desmayar.

—¡Suelta la mano, que me circule la sangre! —respondió, liberándose con brusquedad.

¡Y luego dirán que los gays fornican sin reproducirse! ¡Allí estaba él: un hijo con Amando, y sin sexo de por medio! Le parecía estar oyendo el último capítulo de un culebrón de sobremesa, pero; ¿qué era lo se estaba metiendo en vena el guionista?

—¿Lo sabe él?

—Amy se lo dijo. Hace dos años.

Lo sabía pues: lo sabía cuando Arturo le contó, tergiversada, la historia de su encierro con Amy en el excusado, la oficial, la que creyeron sus amigos. Pero Gabi sabía lo que él no le contó entonces;

que en aquel excusado se llevó a cabo su propia concepción, lo que no dejaba ser más premonitorio de su destino que cualquier carta astral.

—¿Y tú desde cuando lo sabes?

—Desde la noche de bodas.

Esa noche, pues, Amy le dijo a Amando que no le amaba, que amaba a otro al que iba a dar un hijo; ahora lo entendía todo.

«¡Pobre Amando; ningún hombre aguanta eso!». —pensó, con sincera compasión. Y entonces, un foco en su cabeza, iluminó una escena hasta entonces oscura: La pobre Amy expulsada de su dormitorio de recién casada, cruzando la calle en picardías, aporreando la puerta de su casa ante la mirada secreta de tantos visillos echados. Desapareció su compasión, miró aquel rostro que le devolvía una mirada cálida, y sintió de pronto ganas de abofetearle, de retarle a duelo, de matarle o al menos de insultarle.

—¡Echaste a Amy a los perros para que la despellejase el vecindario! —gritó.

La sonrisa de Amando se convirtió en mueca amarga. Endureció el rostro.

—¡Yo no la eché —se excusó—; nunca lo hubiera hecho!

—¡La echaste porque te dijo que esperaba un hijo de mí!

—Yo... le hubiera perdonado eso. —balbuceó.

—¿Entonces, qué fue lo que no le perdonaste? —gritó Arturo a la altura de su cara. Amando apretaba las mandíbulas. —¿No le perdonaste que me quisiera a mí? Porque me quería, has dicho. ¿Te lo confesó esa misma noche en que te dijo que esperaba un hijo mío?

Amando parecía un castillo asediado bajo una lluvia de proyectiles. «¿No es tan hombre? —pensó Arturo, con perverso placer, sin saber exactamente de qué quería vengarse—: ¡que aguante como un hombre!».

—Me lo dijo esa noche, sí... ¡pero tampoco fue por eso!

—¿Entonces, porqué fue? ¡Yo creía que los hombres no mentían; no cuando son tan hombres como tú!

Entonces Amando se revolvió; con las dos manos le cogió de pronto a Arturo del cuello de la camisa, y le zarandeó, con tal fuerza que se lo desgarró.

—¡No la eché! ¿Me oyes, hijo de puta? —le gritó a la cara. Arturo vio a un palmo de su cara la cara enrojecida de Amando, sintió una rociada de saliva en el rostro, y las manos crispadas agarrándole del cuello— ¡No la eché! —siguió diciendo Amando— Porque la quería... ¿sabes? —Sus manos aflojaron un poco la presa, pero sin soltarla, y sin dejar de mirarle a los ojos—. ¡Pero no la quería como ella esperaba!

Le temblaba la mandíbula y hacía esfuerzos por reprimirse. Continuó hablando sin mirar a Arturo, como si Arturo fuera otra persiana echada tras la cual viera desfilar las sombras.

—¡No la eché, ella me abandonó; ella fue quien me dejó sólo! ¡Sólo, como lo he estado desde entonces!

—¿Pero qué me estas contando, embustero? ¿Por qué tenía que dejarte?

—¡Porque —gritó Amando—, cuando me lo dijo todo, le contesté... que yo también te quería!

Seguía con las manos crispadas agarrando el cuello de la camisa de Arturo, la cara a un palmo de la suya, sus ojos grises como el río de sus recuerdos clavados en él. Sus labios temblaban.

—Le dije que yo también te quería... y se fue. ¡No aguantó después de oírlo ni un segundo más en casa!

Hizo un gesto, encogiendo los hombros como diciendo: «esto es lo que hay». Aflojó la presión, pero no le soltó; Arturo pensó que iba a caer si lo hacía.

Nada era, ni había sido, como él había creído hasta entonces: ¡Amando le quería! A Amy y Amando, pues, les había unido el amor, pero no el mutuo: ¡el amor que sentían hacia él! Su noche de bodas debió ser ciertamente una noche extraña, una noche presidida por el fantasma de Arturo, que esa misma noche lloraba, creyéndose excluido de todo, con la cara húmeda apretada contra la almohada. Había estado allí, sin él saberlo, presente en ese dormitorio nupcial; como un maleficio.

Las manos de Amando aflojaron la presión, pero seguían agarrando el cuello de su camisa. Su cara seguía a un palmo de la de Arturo. También Amando parecía oír ahora el murmullo del río, el rumor de las cañas, y sus labios volvían a estar a la misma distancia que hacía treinta años; treinta años perdidos. Se recordó despertando tantas madrugadas en su cama fría, preguntado al frío del alba. «¿Porqué no le besé?». ¡No volvería a preguntárselo!

Le besó, apretando los dientes.

Pobre Amy. Pobre Amando. Pobre Arturo.

Qué trío de pobres idiotas.

—Cuantos secretos nos hemos guardado; ¿verdad? —dijo Amando, acariciando a Arturo el pelo.

Estaban los dos acostados en la cama de éste, pero vestidos. Se acariciaban de una forma tímida, un tanto pudorosamente, y no habían hecho nada. Se tenían demasiado miedo: el miedo a que un amor ideal, viejo de años, se quebrara como las alas de una mariposa al contacto grosero de unos dedos torpes.

—¿Qué pasará ahora con David? —dijo Amando de pronto.

Arturo se sobresaltó. Le miró con recelo.

—¿Qué quieres que pase? —respondió, alterando la voz.

—¿Le quieres aún? —preguntó Amando, escrutándolo con desconfianza.

—¿Le quieres tú? —respondió Arturo con el mismo tono.

—Esto es ridículo. No volvamos a hablar de él.

—Sí, claro… ¡así es como lo arreglas tú todo!

Arturo se levantó: se sentía irritado. Los sueños, cuando se cumplen, siempre decepcionan: mucho más si se trata de un sueño que ya ni siquiera esperaba ser cumplido, que se conformaba con ser cómodamente evocado en el recuerdo, tiñendo a la simple rutina del día a día de un encanto melancólico que ahora descubría falso, como la letra impostada de un bolero.

Amando le miró pasearse por la habitación.

—¿Qué te pasa? —preguntó.

—¿Que qué me pasa? ¿Que qué me pasa? —Arturo estaba poniéndose histérico—. ¡Me pasa que me habéis arruinado la vida! ¡David y tú! ¡Pero sobre todo tú! Tantos años dentro de mi cabeza, y ahora te veo ahí, en mi cama, y…

—Y querrías que me volviera a meter en tu cabeza de nuevo, donde ya me tenías bien acomodado. —Amando hizo un gesto de negación.

—Arturo, así no funcionan las cosas.

—¿Y cómo funcionan?

—De ninguna manera; nunca funcionan. ¡Y ya debías de haberte dado cuenta!

Se levantó y se desarrugó la ropa. Dijo con voz cansada:

—¿Querrás que me marche ya, no?

—Yo qué sé... ¡Querría que os fuerais todos; a tomar viento, David, tú y Gabi! Que, por cierto, dicho sea de paso, no me puedo meter en la cabeza que sea mi hijo; no lo siento hijo mío para nada.

Amando le miró con tristeza, asintiendo.

—Comprendo. —dijo.

—¡Pues claro que comprendes, lo comprendería cualquiera! Vienes de pronto y me dices que esa mariquita mala, que me quiere hundir cada vez que me la encuentro, es hijo mío y del único polvo que le he echado a una mujer en mi vida. ¡Y en un cuarto de baño, que ya es puntería! Por lo visto ese niño ya era puñetero de espermatozoide:

tantos hermanos suyos absorbidos por la arena de tantas playas, secándose mientras coleaban, boqueando, o buscando un óvulo en los azulejos de tanto váter ... ¡y la única puta vez que encañono un espermatozoide a un útero, bingo, había de estar él, limándose las uñas en el disparadero! ¿Y luego los machos hispánicos corren por ahí sometiéndose a tratamientos de fertilidad? ¡Debería hacerme donante de semen: llenaría el país de mariquitas malas!

Amando comprobó si lo llevaba todo; la cartera, el móvil, las llaves...

—¿Has acabado? —preguntó, con ademán de irse.

—¡No! ¡También tengo algo para ti!

Amando aguardó, como diciendo: «acaba pronto, que me voy»...

—Dices que me querías... —murmuró Arturo, paladeando las palabras como un dulce que hubiera observado durante años expuesto en el escaparate de la pastelería, y que ahora no tuviera el sabor imaginado— ¡Ahora lo dices, tan fresco, a los cuarenta y cinco años! ¡Y que te lo has estado callando desde los quince!

Le miró con los brazos en jarras.

—¿Cómo me como yo eso?

—Arturo —respondió Amando, con voz cansada—: si no lo entiendes, eres tonto.

Arturo lo miró, y creyó comprender.

A Amando le había perseguido siempre a través de los años aquél hombre del río con el que Arturo lo dejó, el único hombre que su cuerpo había conocido, dejándole un regusto amargo en la memoria y la firme decisión de no seguir su camino. El hombre en cuyos ojos ambos habían visto bailar las sombras. El hombre en el que Amando no había querido convertirse.

—Si te hubieras venido conmigo en vez de quedarte con él... —dijo con voz venenosa.

—¿Me vas a reprochar algo que pasó hace treinta años?

—¡Si! ¡Sí, Amando; porque todo este enredo viene de aquello que pasó hace treinta años! ¡Si te hubieras venido conmigo, en vez de quedarte con él, lo hubiéramos descubierto los dos juntos! ¡Todo! ¡Y hubiera sido maravilloso!

—O no. Quizás te hubiera tomado la misma aprensión que le tomé a aquél hombre.

—Puede... o yo a ti; ¡o los dos mutuamente! ¡Y entonces nos hubiéramos podido olvidar de toda esta mierda entre nosotros y hubiéramos seguido nuestras vidas, a nuestro aire, tranquilamente, sin tanta historia de lo que pudo haber sido y no fue! ¡Sin tanto reproche rancio!

Amando meditó.

—Me parece, Arturo, que tú necesitabas esta mierda que dices, y si no hubiera sido yo, hubiera sido otro.

—¡Habla por ti: yo no necesitaba esto para nada! ¡Lo que yo necesitaba era algo real: un amigo, un amante! ¡Un cuerpo sólido al que agarrarme, no tanto idealismo de pacotilla! ¡Me cago en Platón! ¡Me cago en...! —hizo gesto de ir a dar un puñetazo a la pared, pero se lo pensó mejor; no fuera a hacerse daño en los nudillos. Siguió, más calmado—. Hubiéramos durado lo que hubiéramos durado, que seguramente habría sido hasta los primeros cuernos: que hubieran llegado, porque hubieran llegado. ¡Y a estas alturas lo más seguro es que nos reiríamos recordando nuestro noviazgo de adolescentes!

—¿Y eso sería mejor que lo que hemos tenido? —reflexionó Amando, escéptico.

—¿Lo preguntas en serio? ¡Amando, cualquier cosa es mejor que lo que hemos tenido!

—No lo creo así. Siempre nos quedará...

Calló de pronto, enmudecido ante la mirada furiosa de Arturo.

—¡Amando —gritó éste—, que yo también he visto «Casablanca»! ¡Y entérate: no nos quedará París! ¡Hacer manitas a la orilla de un río apestoso mientras te comen los mosquitos y que encima te interrumpa un pederasta, no es París: métetelo en la cabeza!

Arturo pareció tomar una decisión de pronto. Tomó la chaqueta.

—¡Vámonos!

—¿Adónde? —preguntó Amando.

—De copas: ¡a «Malkeda»!

Fue hacia la puerta. Amando cogió a su vez su chaqueta y le siguió.

—¿Se puede saber qué mosca te ha picado?

—Vamos a cambiar la historia. Aquel hombre nunca apareció —explicó Arturo mientras bajaba por la escalera, seguido por Amando—: tú y yo hicimos el amor en los carrizales, junto al río, como debió haber sido.

Arturo iba andando a grandes zancadas por la calle, seguido por Amando.

—Rompimos amistosamente: hemos seguido siendo amigos desde entonces, y ahora salimos de copas juntos. Sin recuerdos obsesivos, sin amores platónicos, sin gaitas. ¡Somos dos gays adultos de psique perfectamente sana!

—Arturo, eso no existe...

—¡Claro que no!: ¿Ves cómo vas aprendiendo? ¡Eso lo podría haber dicho cualquiera de mis amigas!

Llegaron a la discoteca, Arturo pagó las dos entradas, agarró del brazo a Amando y le obligó a entrar casi a empujones. El portero y el guardia de seguridad se quedaron mirando, creyendo estar asistiendo a un secuestro. Debieron de pensar que eso sí que era desesperación.

—¡Mira —dijo Arturo, señalando la pista de baile—: aquí solemos venir tú y yo los fines de semana! Antes bailábamos en medio de la pista, pero ahora, cada vez más a menudo, nos ponemos en la barra para ver bailar a los demás. ¡Y es que ya no ponen la música petarda que nos gustaba a los dos!

Amando miró las escaleras por donde subían y bajaban sombras discretas.

—Es un sitio triste.

—¿Triste? ¡No: la gente se divierte! Tendrías que verlos bailar cuando ponen a la Carrá. ¿O es que no te acuerdas?

—No. —repitió Amando— Es un sitio triste, como el cañaveral junto al río: mira esa gente subiendo y bajando las escaleras. —señaló a donde decía— Si les miras los ojos verás que los tienen igual que aquel hombre: la música no puede tapar el zumbido de soledad de las cañas.

Arturo se rió.

—¡Serás cursi! ¡Aquí no hay más cañas que las de cerveza! Y por cierto, no ha habido nunca ningún hombre en las cañas. Sólo estuvimos tú y yo: ¿lo has olvidado?

Amando seguía mirando las escaleras.

—¿Qué hay arriba? —preguntó, con curiosidad.

—Un cuarto oscuro. ¿Quieres subir?

Amando negó, nervioso.

—¿Un cuarto oscuro? ¿Uno de esos sitios?

Arturo resopló y le cogió del brazo:

—Que tenga que llevarte a todas partes como un niño... ¡anda, camina!

Subieron las estrechas escaleras cruzándose con gente que bajaba: Amando hacía contorsiones para no tocar a nadie, como si le fueran a contagiar alguna enfermedad. Y llegaron a la sala donde se proyectaban películas porno. Había hombres sentados, y de pie, apoyados en las paredes: uno de los que estaban sentados se masturbaba mirando a su vecino de asiento, que hacía lo mismo, pero mirando la pantalla. Las sombras salían y entraban detrás de la cortina.

—Ven —dijo Arturo— ¡Entremos ahí: como otras veces! Tranquilo, que mamá está contigo, y los niños no te harán nada si no los provocas tú.

Y entraron los dos: Arturo llevando a Amando de la mano, mientras éste se agarraba a él como una señorita remilgada se agarraría a su tata al pasar bajo un andamio lleno de albañiles. De vez en cuando un mechero iluminaba una entrepierna; se oían gemidos sofocados tras las cabinas; una sombra alargó la mano para tocarle el paquete, otra le rozó la cadera, otra el culo, y otra, más tímida o más formal, la mano, al pasar...: a Amando le recordaron los muñecos que salen a darte un susto en el tren de la bruja. El aire estaba espeso de olor a sudor: vio cómo algunos probaban si el pestillo de una puerta entreabierta estaba echado, y si no lo estaba, entraban; siendo a veces rechazados y a veces bien recibidos. Al fondo del pasillo había una sombra arrodillada, frente a otra de pie. Intentó no mirar lo que estaban haciendo, pero no pudo evitar imaginarlo.

—¿Hueles eso? —dijo Amando, en voz baja y aprensiva.

—Sí. —dijo Arturo, aspirando fuerte— ¡Es el maravilloso olor del sexo!

—No... Huele a agua estancada. Estamos en el río; hemos vuelto. Son las mismas sombras tristes, y si se encendieran las luces de pronto, veríamos que todos tienen los ojos de aquel hombre. Aquellos mismos ojos, Arturo, que al final se nos harán a todos.

—¡Si vieras mis ojos ahora verías que los tengo en blanco de fastidio! ¡Anda —lo cogió de la mano, y lo arrastró a la salida—, bajemos a la pista: beberemos y bailaremos un poco!

Amando no intentó mirar a nadie a los ojos. Se dejó conducir dócilmente por Arturo, que le guiaba de nuevo escaleras abajo.

—Sí, ¡Bailemos! —dijo Arturo, mientras bajaban— Esta es la hora, a punto de cerrar, en la que van a poner algo lento. Para ir echando a la gente, sabes... Unas pocas parejas bailarán agarrados, y los demás mirarán.

Era como decía: unas pocas parejas bailaban en el centro de la pista. Los demás se quedaban sin saber qué hacer, como diciendo: «¿Nadie me saca? Tengo el carnet de baile por estrenar». Algunos de ellos se movían un poco, patosos, sólo para descubrir que la música lenta no está pensada para bailarla a solas... Entonces, poco a poco, renunciaban y se retiraban abriendo un claro, hasta que todos los desemparejados a quienes esperaba una cama vacía acababan haciendo el corro a los afortunados que podían bailar juntos, con su pareja o con el ligue de esa noche.

—Bailan como agarrados a una tabla. —dijo Amando— A la tabla a la que se agarra un náufrago, antes de que los dedos se hielen y te obliguen a soltarla.

—¿Cuántas veces has visto "Titanic"? —preguntó Arturo, mirándolo con guasa— Ahora mismo te debes de creer Leonardo Di Caprio, tiritando con estalactitas en las cejas: pero te aviso de que yo soy Kate Winslet. ¡O sea que adiós, cariño, húndete, y gracias por hacerme el sitio: yo saldré a flote en mi tabla y llegaré a ser muy, muy vieja! ¡Siempre te recordaré!

Amando le miró sin saber cómo tomarse eso: Arturo le miró a su vez y se rió con ganas.

—¡Anda, tonto: bailemos un vals! —Y le agarró, dirigiéndole al centro de la pista.

—Pero... no somos pareja.

—¡Claro que no: somos amigos! ¡Y el amor nos lo ponemos de peineta!

Bailaron. Arturo se sentía de pronto liberado: nunca más perseguiría un sueño del pasado. Sería en adelante sólo el amigo de Amando.

Los rezagados del cuarto oscuro seguían bajando por la escalera, e iban sumándose al corro. Algunos salían directamente a la calle, con paso rápido y mirándose los pies.

Arturo y Amando bailaban: en un escenario a un lado de la pista, un transformista ensimismado gesticulaba y movía la boca mientras fingía cantar «La canción de las noches perdidas», de Sabina, que sonaba en *play back* cantada por Pasión Vega. Como aires de estrella malograda que nunca brilló en firmamento alguno, movía los labios con más pasión que la propia Pasión, como si él mismo creyera que la voz salía de su propia garganta: y, seguramente en ese momento lo creía así. Y esa voz prestada subía al piso superior, donde, pensó Amando, las últimas siluetas consumaban los últimos minutos de una noche perdida más. Y Amando sintió el rumor de los cañaverales, y miró a Arturo a los ojos y vio al muchacho de quince años que le devolvía la mirada con expresión anhelante y tímida: era el mismo que ahora bailaba con él, con las manos rodeando su cintura, y las manos de Amando rodearon también la cintura de Arturo. Y era otra vez como en el río, pero el hombre del río no apareció a interrumpirles, porque también estaba por ahí, bailando agarrado: todos lo hacían, nadie hacía corro, nadie estaba solo, nadie estaba triste... Y Arturo entonces hundió su cara en el hombro de su amigo, que de pronto volvió a ser un adolescente de quince años, pero también la silueta que fue su primer amante en la sauna, y también un chico con orejas de soplillo a quien hacía muchos años no quiso besar porque iba muy borracho y un camarero muy guapo al que en, cambio, pidió un beso, borracho, y que le apartó la cara y se rió. Todos ahora le besaban con los labios de Amando. Se separó, le miró con ojos nuevos, y volvió la cabeza de pronto: y allí estaba David. Mirándolos a los dos.

Arturo lo miró a su vez, echándolo ya de menos: como se echan de menos algunas cosas buenas que, sin embargo, no se quieren repetir.

225

Gabi se sobresaltó: se incorporó en su cama al sentir entrar alguien en su dormitorio. Éste era en realidad el cuarto trastero del piso de la Carrá, y el camarero de «Malkeda» entraba a planchar cuando le placía sin llamar a la puerta, no importándole si Gabi estaba solo o acompañado. Pero esta vez no era Rafa: era David el que estaba a la puerta de su habitación, mirándolo como si quisiera matarlo lanzándole rayos desde sus ojos verdes.

—¿Cómo has entrado? —gritó Gabi— ¡Rafa no te ha abierto, no está en casa!

—Los muertos se cuelan por las paredes. —respondió David, recordando una frase que no sabía dónde había oído: en realidad era de una función del Tenorio a la que le llevaron de pequeño. Avanzó hacia él.

—¡Tú no estás muerto! —contestó Gabi, como si lo lamentara: hubiera llegado como hubiera llegado hasta allí, no pensaba dejarse intimidar.

—¡Sí lo estoy: muerto de rabia! —respondió David, ya junto a él— ¿Por qué has hecho esto?

—¿El qué?

—¡No te hagas el imbécil conmigo! Sé perfectamente que Amando no mandó ese dichoso mensaje al móvil de Arturo: Amando nunca lleva el móvil encima. Y además estaba junto a nosotros, mirándolo todo con una cara de tonto conmovedora: él no sabe fingir, no es una marica mala como tú. ¡Fuiste tú el que lo hiciste!

Gabi sonrió.

—¿Y qué? —contestó, poniéndose cómodo en la cama, dispuesto a disfrutar— Ese mensaje ya estaba escrito, y no lo escribí yo: supuse que a Amando se le olvidó enviártelo, es muy despistado. Y de todos modos lo suscribo; pienso de ti lo mismo que él. ¡Hazte la cuenta que es de los dos!

—¿También quieres entonces que salga de tu vida? —dijo David, muy despacio: con ironía, supuso Gabi.

—Nunca has entrado.

—¿Y es eso lo que te duele?

Gabi intentó que no se le trasluciera ningún sentimiento: ese imbécil no se lo merecía. Pero quizás sí se merecía alguna explicación.

—¿Sabes que Arturo es mi padre? —le dijo.

Contra lo que esperaba, David no mostró sorpresa: ya lo sabía. Había tenido una charla con Arturo y Amando en «Malkeda»: era Arturo el que le había dado su copia de las llaves de la Carrá.

—Así pues, sabes también que me rechazaste para estar con mi padre y que luego le engañaste con mi otro padre... —siguió diciendo Gabi—: no me quedan más padres para ti. ¿Te doy el teléfono de mi abuelo?

David se inclinó sobre él.

—Quizás prefiera a otro miembro de tu familia... —y recalcó la palabra «miembro», con voz sugestiva.

Por fin Gabi podría decirle lo que lo que llevaba ensayando desde que David le rechazó. Sólo tres palabras: «Has llegado tarde». Las había pronunciado ante el espejo, arqueando las cejas con expresión de diva desdeñosa. Respiró hondo:

—Has tardado.

Pero para tener sobresalientes en lengua, no se había expresado bien. «Has llegado tarde» sonaba a epitafio, pero «has tardado» sonaba más bien a: «Te he esperado como una perra con las zapatillas en la boca».

David lo entendió así porque se le acercó más.

—¡No te acerques! —dijo Gabi, levantando el brazo como barrera— ¡No me has entendido: he querido decir que...que estás tardando!...

Y David, para no tardar más, le besó: David sí que merecía sobresalientes en lengua...

Al separarse sus bocas, Gabi aún pudo balbucir:

—No quería decir tampoco eso… Quería decir que…

Gabi le puso los dedos sobre los labios. Sonrió, y fue él quien dijo:

—Has llegado tarde.

Bonus Track: ¡La Noche de las Ánimas Locas!

Como todas las noches de Difuntos, La madre Nosferata de la Transfiguración paseaba, con su crucifijo a cuestas, por los vacíos pasillos del convento que había fundado. Se aburría: era la primera vez que le ocurría desde su ya lejana muerte. Hasta entonces, lo había pasado muy bien asustando a las novicias que hacían bollos en sus celdas o salían a hurtadillas de ellas para verse con algún amante a través las celosías; y en los últimos tres años había disfrutado como gorrina en lodazal haciendo de *poltergeist* entre esos tipos raros que habían invadido su viejo espacio con sus guitarras. Cuando estaba de buenas se limitaba a tirarles de los pies mientras dormían, pero sólo en esa noche de Animas se permitía dar curso a las habilidades que la hicieron ya famosa en vida: levitar, sangrar a chorro por los estigmas, vomitar gusanos, hablar a la vez con varias voces roncas, y multiplicarse gracias al don de la ubicuidad, que le permitía llenar las estancias de copias de sí misma, todas levitando, sangrando y estampando gusanos babosos contra las paredes. La habilidad de la que se sentía más orgullosa, sin embargo, era la de transferir telepáticamente visiones del Infierno a cada pecador que se le ponía a tiro: ninguno volvía a ser el mismo luego, convertido en una piltrafilla temblorosa que corría arrastrándose de rodillas al confesionario más próximo a implorar perdón divino mientras iba dándose azotes con un flagelo de púas. Fueron esas habilidades las que la pusieron a un paso de ser canonizada tras su muerte, pero no llegó ni a beata del montón cuando la Congregación para la Causa de los Santos de Roma vio su retrato: nadie estaba dispuesto a subir a los altares a una santa con esa cara y arriesgarse a una desbandada de fieles despavoridos.

De modo que al fin, la madre Nosferata decidió hacer lo que nunca había hecho; salir a la calle. Y lo hizo, atravesando el grueso muro del convento.

Le sorprendió el jolgorio: la Noche de Difuntos había cambiado mucho desde su época, y en lugar de procesiones de penitentes rezando y pidiendo por las ánimas del Purgatorio, lo que iba por la calle eran golfas disfrazada de bruja con escote y ligueros. La madre Nosferata se indignó: ¡en su época a las brujas las quemaban! Ese recuerdo —ella había visto arder algunas desde el palco de primera de su celda— la hizo relamerse con deleite.

Se perdió entre el gentío. Entró, por curiosear, en una taberna: «¿Qué quiere, hermana?», le preguntó el tabernero con sorna, al verla. Miró en las estanterías, y vio una botella donde ponía: «Fundador». A la madre fundadora le gustó el nombre, y la señaló: le llenaron un cáliz, y dejó el crucifijo apoyado en el mostrador.

Mientras bebía —no estaba segura de si un fantasma podía beber, y menos el de una monja: pero la noche de difuntos, ¡qué caray!; era su noche— se le pusieron al lado unos tipos raros, vestidos como para un auto sacramental.

—¡Mira que ir a abrazarle vestido de momia! —estaba diciendo Sara.

Baby Jane iba, en efecto, vestida de momia de Cleopatra, o eso decía: se había envuelto el cuerpo en vendas, calzado tacón de aguja y encasquetado un pelucón de los chinos. Sus amigas, también disfrazadas, le habían maquillado al estilo que entendían por egipcio, y habían salido así, todas monísimas a comerse la noche de *Halloween*: pero al salir a la calle, Baby Jane había avistado al suspirado príncipe azul que la había denunciado por acoso en la tienda de «cedés», y, olvidando no sólo la afrenta sino también el disfraz que llevaba, se había lanzado a su cuello, provocando que el príncipe huyera por toda la avenida llamando a un taxi como loco. Ese era el motivo por el cual el maquillaje le corría a churretones por la llorosa cara, y por el que todo el grupo de amigos había entrado a acompañarlo a retocarse al baño.

—¡Pues tú, no critiques —dijo la Carrá a Sara, mientras montaban guardia a la puerta—: que el año pasado te subiste al cuarto oscuro toda borracha y vestida de Malvada Bruja del Oeste, e intentaste ligar olvidando que ibas disfrazada! ¡Y cuando viste que todos te huían te liaste a escobazos a perseguirles por los pasillos: alguno cayó rodando escaleras abajo y todo!

Sara se encogió de hombros: iba este año orgullosísima con su elaborado disfraz de Reina Alien, llevando en una cesta a todos los hijos de Milady, que iban sin disfrazar ni falta que les hacía; a su lado iba Carmen, de Teniente Ripley, o sea, sin disfrazar tampoco. Por su parte Cruella y Perdita no se habían calentado la cabeza, y para vestirse de *Halloween* se habían limitado a sacar a la calle su ropa de cama habitual: las dos iban con arneses y tangas de cuero, gorras y botas militares, y una cadena que Cruella sujetaba, y de la que llevaba a Perdita enganchada con pinzas por los pezones.

La Patata había intentado quedarse esa noche en casa, según dijo, para que no la relacionaran con esa troupe de *freaks*: Pero al final la convencieron, y decidió ir de zombie devorador de carne humana, o sea, de lo que habitualmente era, pero emblanqueciéndose la cara y poniéndose un poquito de sangre falsa en la comisura del labio. La madre Nosferata los miró a todos con curiosidad.

—Tienes un mensaje, puta. —se oyó decir a la voz de Arturo, salida de no se sabe dónde. La Patata sacó el móvil y leyó la pantalla:

—¡Otro de mis múltiples amantes que quiere quedar conmigo esta noche: cuántas horas de pasión que me pierdo por acompañaros a hacer el ridículo por las calles! Espero que algún día me lo agradezcáis, pedorras.

Todos le miraban.

—¿Qué pasa? —dijo, al darse cuenta— ¡Ya se que a vosotras nunca os manda un mensaje un amante, que no sea para decir: «borra mi número de tu agenda o te demando». Pero ¿tan raro es que lo reciba yo? Yo soy mona...

—No es por el mensaje. —aclaró la Carrá— Es por la voz de Arturo.

—¡Ah, eso! Me lo tuve que bajar de Internet en cuanto oí en la tele que toda la juventud lo llevaba: y no era verdad, faltaba yo. ¡No podía dejar a la tele como mentirosa, y que España se quedara sin referentes! No tenía más remedio que hacerlo. ¿Qué culpa tengo? También soy juventud: «Juve», para los amigos.

—¡Eres de lo que no hay! —respondió la Carrá.

—Lo sé: y estoy a la última.

—Tampoco creo que a Arturo le importe... —comentó Sara— ¡Ya ni siquiera le importa que a su madre le hayan dado la conducción del *Late Night* «Alma de noche»!

—¡Oye, y qué bien lo hace la señora! —comentó la Carrá, con aprobación—¡Máxima audiencia en su franja horaria!

—A todo esto; ¿Qué sabéis de Arturo? —preguntó Sara.

La Patata volvió a guardar el móvil, tras haber contestado el mensaje con otro que decía: «Nos vemos en cuanto dé el esquinazo a mis tías del pueblo».

—Disfrutando del final feliz de su historia. —contestó.

Todas suspiraron como hadas Disney a un minuto del *The End*.

—¿Entonces tú piensas que su historia ha tenido un final feliz? —preguntó Baby Jane, recién salida del cuarto de baño y retocada con el maquillaje de emergencia que la Sara siempre llevaba encima: aún se enjugaba una lagrimita.

—¡Claro! —dijo la Patata— Cualquier historia, si sabes dónde acabarla, tiene un final feliz: si contamos la vida de una de vosotras, pongamos la Baby Jane, y en la última página la dejamos llevándose a la cama a un tío que le hace tilín, es una novela con un final feliz. ¡Si la prolongamos una página más, hasta la mañana siguiente, cuando el tío se despierta y se da la vuelta, seguramente será una tragedia! La historia de Arturo tendrá un final feliz si le ponemos punto final ya mismo: porque en cuanto despierte y se vea casado con un meapilas insoportable, padre de una mariquita mala y suegro de un yerno que se han follado los tres... ¡digamos tan sólo que la secuela puede ser menos complaciente que una novela de Elvis Popper; con más ácidos y muchas más motosierras!

En ese momento la Carrá se volvió y reparó en la Madre Nosferata, que los miraba apoyada en la barra y bien agarrada al cáliz de Fundador, del que trasegaba abundantes lingotazos.

—¡Maricón! —le gritó— ¡Que pasote de disfraz! ¡Tú sí que acojonas! —Se acercó a mirarla— ¡El maquillaje es genial! Es verdad que se te nota un poco la barba, pero en fin, no puedes ocultar que eres macho, machote... ¡Toma! —le dio una tarjeta— Hay un concurso de disfraces en la discoteca «Malkeda»; vamos ahora todas para allá. ¡Yo soy del jurado: deberías ir, tienes muchas posibilidades!

Cuando se hubieron ido, la madre Nosferata leyó la tarjeta. Decía: «La Discoteca "Malkeda" celebra este Halloween su gran Noche del Horror con un Concurso de disfraces: horrorízanos, y llévate el premio».

Notó entonces que de la palma de su mano, que a esas horas estaba siendo horadada por un estigma, salía un hilo de sangre que manchó la tarjeta: cogió una servilleta de papel y se la limpió. Regurgitó un gusano: lo escupió en la servilleta, lo miró un rato retorcerse en ella, y luego lo aplastó. Sus pies se apartaban ya ligeramente del suelo:

estaba levitando, de un modo tan imperceptible que nadie se daba cuenta aún.

Miró el reloj: la una. De aquí poco empezaría a tener visiones del Infierno que podría trasferir telepáticamente a los pecadores.

Discoteca «Malkeda»... ¿Porqué no ir? Hasta la salida del sol, pensó, aún tenía tiempo. Cargó de nuevo con la cruz.

Podía ser divertido: ¿Horrorizarse, querían?

¡En las bragas se iban a cagar!

La Patata acabó de leer el último folio: lo dejó boca abajo encima de la resma que había a su izquierda, bebió un último sorbo de vino y miró a Arturo.

—¿Y bien? —dijo éste— ¿Qué te ha parecido?

La Patata apuró el vino de un trago. Tomó aire y dictó sentencia:

—¡Y tú te resistías a escribir un final feliz porque no era realista: menuda traca final has parido! ¿Me puedes explicar, por cierto, qué pinta esa monja fantasma, sacada de una película *gore* cutre? ¿Otra pincelada de realismo? ¡Y además, todos tus personajes beben mucho! Ponme otro, anda....

Arturo le llenó el vaso. La Patata continuó:

—¿Piensas escribir una segunda parte? ¡Por Dios, dime que no! Pero si pese a todo la escribes... ¡esconde a las amigas en un rincón y que no hablen!

—No hay problema, ya lo había pensado: me habéis llenado la novela de páginas que ningún editor va a querer publicar... Sois chistes homófobos andantes, tópicos vivientes: así que no pienso volver a sacaros a ninguna.

La Patata la miró. Alzó las cejas, encendió un cigarrillo, dio una calada, exhaló el humo y sentenció:

—Arturo, por lo que más quieras, no seas tonto: ¡estaba claro que hablaba *de las demás*!

Nota

Todos los personajes de esta novela son fruto de la imaginación del autor a excepción de la Patata, que como una niña caprichosa se empeñó en aparecer a toda costa. El autor insta, por tanto, a sus demás amigos y conocidos a que se abstengan de intentar reconocerse en sus páginas. Del mismo modo, desmiente rotundamente que el chico de los ojos verdes esté inspirado en un ligue de verano del 2004, actualmente director comercial y *online* de la Sociedad General de Autores y Editores (SGAE).

La innominada ciudad donde transcurre la acción puede ser cualquiera de la costa española: el autor estaba pensando en Valencia, pero en ella el lector no encontrará ni la Plaza del Quemadero ni el Convento de las Fregatices, y tampoco divisará ningún *skyline* desde el paseo marítimo de la Malvarrosa. Como es obvio, la Virgen de los Descamisados ante cuya basílica se produce la manifestación gay es un trasunto de la Virgen de los Desamparados, pero por lo demás se ha prescindido de cualquier referencia a lugares y personas reconocibles, así como de cualquier atisbo de color local. Por tanto, el emplazamiento de la novela también es imaginario.

La traducción de la letra de *"Anything Goes"*, (canción de Cole Porter a la que se hace referencia en el capítulo primero) se ha realizado echando mano del traductor de Google y modificándola después para darle algún sentido, como el lector avisado habrá deducido a poco que sepa inglés. Incluso el orden de las estrofas se ha alterado, aunque esto ha sido por capricho del autor.

La madre Nosferata está inspirada un poco Freddy Krueger y un mucho en Sor Jéronima de la Fuente, protagonista de un cuadro de Velázquez que se halla en el Museo del Prado. Una reproducción a tinta se encuentra en la página siguiente.

¿A que acojona?

BONVM EST PRESTOLARI CVM SILENTIO SALVTARE DEI

ÍNDICE

PRÓXIMA EDICIÓN EN LULÚ (SERIE NEGRA):

Miguel Matoses

¿Puede un gato muerto maullar a media noche?

(Un caso de Azcutia y Ruiz).

En el jacuzzi de un hotel de Valencia un hombre muere, al parecer, devorado por pirañas: cuando a éste extraño crimen siguen otros, el inspector de homicidios Pachón Navarro sabe que se enfrenta a uno de los casos más difíciles de su carrera. Mientras, los detectives privados José Azcutia y Felicitas Ruiz reciben en su agencia a la guionista de telenovelas Querubina Sánchez, señalada por el inspector Pachón como principal sospechosa. Los crímenes siguen la pauta de un guión escrito por ella para una serie de misterio, inédito aún, pero que ha sido difundido por Internet dos días antes del primer crimen. Además, todas las víctimas tenían con ella alguna cuenta pendiente... Aparentemente acorralada por las circunstancias, les encarga encontrar al verdadero culpable. ¿Es Querubina la inocente damisela en apuros que parece, o una peligrosa psicópata manipuladora? Por su parte, mientras investiga el caso, la detective Felicitas empieza a tener unos extraños sueños en los que figura un gato "zombie" que deambula en las sombras y maúlla espantosamente: estos sueños que le dan pistas de próximos asesinatos, parecen conectarla de algún modo con la mente del asesino. Lo que se anunciaba como novela detectivesca: ¿degenerará en "frikada" paranormal? Esta es la primera novela de la serie protagonizada por los detectives Azcutia y Ruiz, unos investigadores decididamente diferentes.